KB065260

현대인과 종교

칼 융의 『심리학과 종교』 읽기

세창명저산책_030

현대인과 종교

칼 융의 『심리학과 종교』 읽기

초판 1쇄 인쇄 2015년 1월 10일
초판 1쇄 발행 2015년 1월 15일
—
지은이 김성민
펴낸이 이방원
기획위원 원당희
편집 김민균 · 김명희 · 안효희 · 강윤경
디자인 손경화 · 박선옥
마케팅 최성수
—
펴낸곳 세창미디어
출판신고 2013년 1월 4일 제312-2013-000002호
주소 120-050 서울시 서대문구 경기대로 88 냉천빌딩 4층
전화 02-723-8660
팩스 02-720-4579
이메일 sc1992@empal.com
홈페이지 http://www.sechangpub.co.kr/
—
ISBN 978-89-5586-220-1 03180

ⓒ 김성민, 2015

_ 이 책에 실린 글의 무단 전재와 복제를 금합니다.
_ 책 값은 뒤표지에 있습니다.

이 도서의 국립중앙도서관 출판시도서목록(CIP)은 서지정보유통지원시스템 홈페이지(http://seoji.nl.go.kr)와
국가자료공동목록시스템(http://www.nl.go.kr/kolisnet)에서 이용하실 수 있습니다.
CIP제어번호: CIP2015000253

Carl Gustav
JUNG

세창명저산책_030

김성민 지음

현대인과 종교

칼 융의 『심리학과 종교』 읽기

세창미디어

머리말

    현대 사회에서 신의 죽음에 대한 논의가 많고, 세속화로 인한 교회의 퇴조에 대해 소리가 높다. 현대 사회에서 사람들은 그전 시대에 비해서 신보다 돈, 물질, 과학기술, 쾌락에 더 관심을 기울이는 듯하다. 그렇지만 다른 한편으로 보면 사실이 반드시 그런 것인가 하는 느낌도 든다. 왜냐하면 이슬람권 국가에서는 여전히 종교의 영향력이 절대적이고, 세계 여기저기에서 기독교나 일부 종교의 소수종파는 여전히 많은 사람을 불러모으고, 여러 가지 문제를 일으키고 있기 때문이다. 또한 현대 사회의 어지러운 상황 때문에 미래가 불안해진 사람들은 점을 치거나 부적을 사고, 많은 사람에게서 원시종교성이 다시 꿈틀거리는 모습도 많이 보게 된다. 따라서 지금 신의 죽음에 대한 논의가 많고, 교회의 퇴조 현상을 보이는 것은 기독교, 특히 개신교가 성행하는 나라들의 현상이고, 그렇지 않은 지역에서는 종교가 여전히 많은 영향력을 행사하고 있는 듯하다. 개신교는 그 속성 상 인간의 이성에 기대어서 종교적 상징을 많이 파괴하였고, 종교의 신비를 벗겨버렸기 때문에 종교의 기반을 많이 잠식해버리지 않았나 하는 것이다. 물론 개신교의 그런 비마술화disenchantment 작업은 과학기술을 발달시키고 문명을 발달시키는 데 커다란 기여를 했다. 그러나 그 작업은 우리 삶에 더 중요한 가치들까지 마르게 하지 않았나 하는 생각이 든다.

예일대학에서 융에게 "심리학과 종교"에 대한 주제로 강연을 부탁한 것은 현대 사회의 그런 문제들 때문인 듯하다. 근대 사회 이전까지 기독교는 서구 사회에서 지배적인 영향력을 행사하였는데, 현대 사회에서 사람들의 신앙열이 식어가고 교회의 영향력도 그전 같지 않자 종교와 인간의 미래가 어떻게 될지 융에게 진단을 부탁했던 것이다. 그것이 융이 그 문제에 대해서 강연을 했고, 『심리학과 종교』를 쓴 동기인데, 벌써 근 80년이 되어 간다. 하지만 현대인들은 아직도 그 문제에 대해서 만족할 만한 해답을 얻지 못한 듯하다. 왜냐하면, 서구 기독교권 국가에서는 세속화가 더욱더 진행

되면서 신 죽음 현상이 더 노골화되고 있으며, 그 이외의 국가에서는 그에 대한 반동으로 근본주의적 성향이 더 짙어지고 있기 때문이다. 그에 따라서 양 진영 모두에서는 올바른 종교성보다 부정적인 종교성이 더 자라나고 양 진영의 갈등은 더 깊어지고 있다. 인간의 정신은 의식과 무의식이 통합되어 전체성을 이루어야 하는데 한쪽에서는 너무 합리적인 것만 발달시키고, 다른 쪽에서는 너무 비합리적인 것만 발달시키는 것이다. 종교와 신에 관한 문제에서 현대인은 그전 시대 사람들보다 훨씬 더 편안하지 못한 것이다.

이 책에서 우리는 스위스의 분석심리학자 칼 융이 쓴 『심리학과 종교』에 대해서 살펴보려고 한다. 그런데 한 가지 이상한 것은 "심리학과 종교"라는 주제에 대해서 왜 정신과의사인 융에게 강연 청탁을 한 것일까 하는 점이다. 그가 신학자나 종교학자도 아닌데 종교에 대해서 어떤 말을 할 수 있을 것이라고 기대했을까 하는 것이다. 그러나 『심리학과 종교』를 보면 예일대학의 선택은 탁월했다는 생각이 든다. 왜냐하면, 이 책에서 융은 종교적인 문제에 대해서 신학자나 종교학자가 볼 수 없는 또 다른 면을 보면서 인간에게 신이란 어떤 존재이며, 종교란 어떤 역할을 하는 가를 깊이 있게 살펴보았기 때문이다. 그는 신학자나 종교학자와 다른 관점에서 종교적 인간homo religiosus으로서의 인간에 대해 여러 각도로 살펴보면서, 현대 사회의 종교적 위기의 타개책까지 피력했던 것이다. 그것은 그가 루터파 교회 목사의 아들로 태어났고, 그 자신의 정체성을 좌파 개신교도(이 말은 그가 1956년 10월 26일 영국의 필프 목사에게 보낸 편지에서 했던 말이다)로 규정했기 때문에 가능했던 일이다. 그는 서구의 합리적인 사회에서 과학교육을 받았고, 정신과의사로 활동했지만, 인간에게 종교성은 본질적인 것이며, 정신건강에서 신의 이미지는 매우 중요한 역할을 한다고 생각해 왔기 때문인 것이다. 그에게 있어서 신은 인간에게 무의식이 있는 한 그 이름을 어떻게 붙이든 간에 결정적인 영향력을 행사하는 존재이다. 왜냐하면, 프로이트와 달리 인간의 무의식에서 집단적인 부분까지 찾아낸 그에게 신과 전체 정신의 중심인 자기self는 밀접한 관계에 있기 때문이다.

정말이지 종교와 신은 인간에게 절대적 가치를 매개해주

며, 일상적인 것들이 자아내는 허무를 넘어서 영원으로 이끌어가는 실체이다. 그러나 현대 사회에서 과학기술은 인간이 따라갈 수 없을 정도로 발달하여 종교는 잠시 휘청거리는 것 같다. 하지만 융은 현대 사회의 무신적 현상을 '신의 궐위'라고 표현하면서 신이 다시 복귀하기를 기다리고 있으며, 인간에게 종교적인 태도를 요청하고 있다. 언젠가 신은 현재와는 다른 모습으로 다가올 수 있을 것이기 때문이다. 융은 『심리학과 종교』에서 그런 것들을 그가 진료했던 환자를 통해서 읽어냈는데, 『심리학과 종교』는 이해하기가 그렇게 쉬운 책이 아니다. 분석심리학의 개념들이 일반 독자들에게 익숙하지 않고, 더구나 상징은 본래 수수께끼 같은 것이기 때문이다. 필자는 그런 것들을 고려하면서 가능한 한 쉽게 쓰려고 노력했는데, 그렇게 되지 않았다면 필자의 필치가 둔하기 때문일 것이다. 본서가 나올 때까지 기획하고 편집하며 수고한 세창미디어 편집부 여러분께 감사의 말씀을 드린다.

2014년 성탄절에
月汀

8

| CONTENTS |

서 론

    현대 사상가들 가운데서 신학자나 종교학자를 제외하고 칼 융Carl Gustav Jung만큼 종교적인 문제에 관심을 기울였고, 종교적인 주제를 많이 다루었던 사람도 많지 않다. 더구나 프로이트나 라캉 등 심층심리학자들을 생각하면 더욱더 그러하다. 하지만 융은 그들과 달리 기독교는 물론 바빌론, 이집트, 그리스의 신화와 종교, 영지주의, 연금술, 도교와 불교를 비롯한 동양종교의 교의와 제의에 많은 관심을 가지고 있었고, 그것들을 연구했던 것이다. 그러면 융은 왜 그렇게 신, 죄, 구원, 깨달음과 같은 종교적인 주제들에 관심을 가지고 있었는가? 그것은 그가 인간 정신의 병적인 상태를 각 종교에서 말하는 죄(또는 악)에 사로잡힌 상태로, 치유 과정을 깨달음을 통해서 해방되는 과정과 유사하게 보았고, 그때 신적 원리가 중요하게 작용한다고 생각하였기 때문이다.

융에게서 그때 종교에서 말하는 신은 자기, 인간은 자아, 신과 인간의 관계는 자기와 자아의 관계로 대치시킬 수 있다. 인간이 욕심 때문에 신을 떠나 죄를 짓고 죄에 사로잡힌 결과 고통당하는 것은, 자아가 눈앞에 보이는 것들에만 몰두하다가 무의식의 기반에서 벗어나 일방성에 빠지고 그 결과 병에 걸려서 고통당하는 것과 같은 맥락으로 보았던 것이다. 그 같은 구조는 치료에서도 마찬가지이다. 종교에서는 죄에 빠진 인간이 자신의 죄를 깨닫고 회개하여 다시 신과 올바른 관계를 맺으면 구원받을 수 있다고 설명하는데, 분석심리학에서는 정신적인 문제에 봉착한 사람이 여태까지 잘못된 생활 태도를 가지고 살았음을 깨닫고, 무의식에 들어가 여러 가지 상징적인 이미지들이 의미하는 바를 깨닫고 무의식과 올바른 관계를 맺으면 치유될 수 있다고 한다. 그때 우리-안에 있는-신God-within-us인 자기는 결정적인 역할을 한다. 왜냐하면 자기는 환자들이 깊은 병중에 있었을 때에도 작용하고 있었으며, 치유과정에서도 결정적으로 작용하기 때문이다. 자아에는 별다른 능력이 없고 치료는 자기의 작용으로 이루어지는 것이다. 이렇게 볼 때, 융의 심리학은 종교와 대단히 밀접한 관계에 있다고 하지 않을 수 없다.[1]

그래서 사람들은 융에게 그의 신관에 대해서 종종 질문을 했는데, 그는 두 가지 방식으로 대답하였다. 하나는 퀴스나하트에 있는 융 연구소 현관 위에 써 붙인 "우리가 부르든 부르지 않든 신은 거기 계시다"라는 말이고, 다른 하나는 1959년 영국 BBC 방송과의 인터뷰에서 진행자 프리맨이 그에게 "당신은 신을 믿습니까?"라고 물어보았을 때, "나는 믿을 필요가 없습니다. 나는 압니다"라고 대답한 것이다. 먼저 그가 "부르든 부르지 않든 신은 거기 계시다"라는 델피의 신탁을 써 붙인 것은 그가 신은 인간과 전혀 다른 존재, 인간으로서는 도저히 알 수 없는 존재라는 그의 생각을 그대로 나타낸 것이다. 그는 신은 사람들로서는 도저히 알 수 없는 존재이지만, 인간의 삶에 깅력한 작용을 한다고 생각했던 것이다. 그래서 신의 작용을 체험한 사람들의 삶은 그 체험을 하기 전과 결정적으로 달라지게 된다.

그러나 그분은 그의 강력함과 온전함 때문에 인간과 전혀 다른 차원에서 활동한다. 사람들이 무엇이라고 규정할 수 없는 것이다. 융은 그런 신적 작용은 물론 사람들이 어떤 것을 신적인 것으로 체험하는지에 대해서 잘 알고 있었다. 그 자신은 물론 그에게 찾아오는 많은 환자의 삶에서 긍정적인 방식이든 부정적인 방식이든 어떻게 작용하는지 잘 알고 있었던 것이다. 그래서 그는 프리맨에게 "나는 믿을 필요가 없습니다. 나는 압니다"라고 대답하였다. 왜냐하면 우리는 어떤 명백한 사실을 체험적으로 알고 있을 때는 굳이 믿을 필요가 없기 때문이다.

그러나 그가 말하는 신은 기독교나 불교나 도교에서 말하는 특정 종교의 신은 아니었고, 유신론적인 신만도 아니었다. 오히려 인간이 생각할 수 있는 신론을 모두 초월하는 신이었다. 그렇다고 해서 그가 그 신을 단지 인간의 심리적 작용에 의한 것으로만 생각한 것 같지는 않다. 왜냐하면 그는 신의 작용을 원형적인 것의 출현이라고 주장했기 때문이다. 융에게서 원형은 심리적인 것만이 아니라 물리적으로도 체험될 수 있는 정신양精神樣이다. 정신적이지만 실체를 동시에 가질 수 있는 것이라는 말이다: "정신양은 … 목표지향적이며 기억력에 따르고, 생을 유지하려고 노력하는 중추신경의 기능을 포함한 모든 신체적 기능의 합이다."[2] 그러므로 융은 인간의 신 체험은 단지 정신적인 것만이 아니라 어떤 실제적인 체험이라고 생각하였다. 그러나 신의 영역은 인간을 무한히 뛰어넘는 것이기 때문에 그것이 구체적으로 어떤 것인지 인간의 이성으로 다 설명할 수는 없다. 바울의 말대로 나중에 얼굴과 얼굴을 맞대고 보아야 명확하게 파악될 수 있는 것이다.

이러한 융의 사상은 그가 유럽의 기독교문화권 속에서, 더구나 개신교 목사인 아버지의 가정에서 성장하였기 때문에 형성된 것이지만, 계몽주의 이후 인간의 의식이 급속하게 발달하면서 신과 인간의 관계를 재설정하려는 인류의 모색과도 관계가 깊다. 그래서 그는 예일대학의 테리 강좌에서 현대 사회에서의 심리학과 종교의 관계에 대해서 강연해달라는 요청을 받고 그가 평소에 생각하였던 것을 물론 그 생각을 더 깊이 있게 다듬어서 『심리학과 종교』로 출판하였다.

　필자는 본서에서 융의 종교사상을 세 부분으로 나누어서 살펴보았다. 제1부에서는 현대 사회에서 종교는 어떤 위치에 놓여 있으며, 종교에 대한 융의 일반적인 사상은 어떤 것인지를 살펴보았고, 제2부에서는 융이 『심리학과 종교』에서 말한 것들에 국한하여 그것들을 정리하는 방식으로 설명하였으며, 제3부에서는 융이 『심리학과 종교』를 쓴 다음에 더 전개시킨 그의 종교사상을 소개하였다. 융이 『심리학과 종교』를 쓴 것이 1937년인데, 그 이후에도 그는 「삼위일체 도그마에 관한 심리학적 고찰」(1940), 「미사에서의 변환의 상징」(1941), 『욥에의 응답』(1952) 등 계속해서 종교, 특히 기독교에 관한 생각을 저술했기 때문이다. 그래서 제3부에서 『심리학과 종교』 이후의 그의 종교사상을 살펴볼 수 있을 것이다. 그러므로 이 책은 『심리학과 종교』의 해설서일 뿐만 아니라 종교에 대한 융의 심리학적 사상을 전반적으로 살펴볼 수 있는 책이 될 수 있고, 독자들은 이 책에 있는 세 부분을 별도로 생각하면서 읽을 수 있을 것이다.

이렇게 심리학과 종교에 대한 융의 사상을 살펴볼 때 우리는 그가 다만 정신과 의사에 그치지 않았고 현대를 참으로 깊이 있게 살았던 사상가라는 점을 알 수 있다. 그는 인류가 여태까지 어떻게 살아왔으며, 어떻게 살아야 의미 있게 또는 정신적으로 건강하게 사는지를 누구보다도 진지하게 살펴보려고 했던 것이다. 그것은 그가 집단무의식에 대해서 생각했기 때문일 것이다. 왜냐하면 집단무의식 속에는 태곳적부터 살았던 인류의 삶 전체가 들어 있기 때문이다. 따라서 그는 현대인에게 구루나 현자같이 다가올 수 있다. 그런 그가 현대인에게 전하려는 메시지는 무엇일까? 그것은 아마 지금 인류에게 시급한 문제는 그림자의 통합이며, 그것은 사람들이 내면에 있는 신성神性을 의식화할 때 가능하다는 점일 것이다. 왜냐하면 그림자가 통합되지 않을 때 인간의 삶에는 커다란 파괴가 자행될 터인데, 인류는 여태까지 내면에 있는 신성을 의식화하면서 정신적 발달을 이루어왔기 때문이다.

제1부
융과 종교

현대 사회의 종교적 상황과 칼 융

1) 칼 융과 기독교

『심리학과 종교』는 분석심리학자 융이 1937년 미국 예일대학의 테리 강좌에 초청을 받고 강연한 내용들을 책으로 출판한 것이다. 그때 융은 심리학과 종교, 특히 그의 전문 분야인 의학심리학과 종교에 관해서 강연하면서, 종교와 심리학은 어떤 관계에 있고, 심리학은 종교에 관해서 무엇을 말할 수 있을 것인가에 대해서 평소 생각하던 종교관을 세 가지로 나누어서 진술하였다. 그는 강연의 제1부에서 종교는 인간 영혼의 가장 보편적인 표명으로서 무의식의 자율적 기능에서 나온 본성적인 것이라고 하였고, 제2부에서는 종교의 도그마는 무의식의 깊은 층에서 신성력神聖力, numen을 체험한 사람들이 그 체험을 상징적인 방식으로 나타낸 것이라고 하였으며, 제3부에서는 종교적 상징은 그것이 만들어진 문화적 환경의 변화에 따라서 달라지는데, 현재 기독교에서 제시하는 삼위일체 신은 현대인이 무의식에서 요청하는 신의 이미지를 반영하지 못하여 현대인은 고통받고 있으며, 그것이 현대 사회의 정신적 혼란의 근본 원인이 된다고 주장하였다. 그래서 현대인은 지금 겉으로는 아무리 종교 집회에 참석할지라도 마음 깊은 곳에서 신과 관계를 맺지 못하여 세속적인 것들에 마음을 빼앗기면서 흔들리고 있다고 진단하였다. 이러한 그의 주장은 그의 개인적인 삶과 밀접하게 관계된다. 그는 정신분석을 창시한 프로이트가 세속적 유대주의의 바탕에서 신을 환상illusion에 불과한 존재로 보았던 것과 달리, 루터교 목사였던 그의 아버지와 유럽 사회의 기독교적 분위기 때문에 신적 현상의 실재성을 무시하지 않았다. 그러나 그 역시 계몽주의 이래서구 사회에서도 종교성에 많은 변화가 생기는 것을 목도하였고, 그에 따라서 그전까지 그들의 삶을 지탱해주던 중심적 가치가 사라져서 고통당하는 현대인의 문제가 심각하다는 사실을 알게 되었다. 그래서 그는 그 문제에서 벗어날 수 있는 대안을 제시하려고 하였다.

융은 자서전에서 현대 세속 도시 빈에서 자란 프로이트와 달리 역사적인 것들을 많이 간직하고 있는 바젤에서 자랐기 때문에 어릴 때부터 귀신이나 마녀 등 종교적인 것들에 많이 노출되어 있었으며, 가정 분위기로 인해 어떤 의미에서든지 종교적인 문제에서 떠날 수 없었다고 술회하였다.[3] 그는 성장한 다음에도 현대인에게 별다른 감흥을 주지 못하는 기독교에 실망하였지만, 대학에 들어가서도 의학수업 이외에 니체, 쇼펜하우어, 스웨덴보리 등의 저작들과 함께, 그 당시 새롭게 연구되기 시작한 종교사학파의 저작들은 물론 리츨 등 현대 신학자들이 쓴 신학서적도 많이 읽었다. 더구나 대학을 졸업할 무렵, 영매靈媒가 변이의식 상태에서 다른 인격들로 되며, 암시를 통해서 그 인격들을 불러낼 수 있다는 사실을 발견하고 그것을 토대로 의학박사 학위 논문(1902)까지 작성하였다. 그는 어릴 때부터 인간의 정신과 종교현상 사이에 밀접한 관계가 있음을 알고, 흥미를 느꼈던 것이다.

융이 정신과 의사가 된 다음 언제부터 다시 종교현상에 관심을 가졌는지는 명확하지 않지만 그가 1911년 프로이트에게 보낸 편지에 연금술에 대한 언급이 나오고,[4] 그가 프로이트와 헤어지는 데 결정적 계기가 된 『리비도의 변환과 상징』(1912)에도 영지주의 문헌들을 인용한 것을 볼 때 그는 계속해서 인간의 정신적 발달과 종교의 관계에 대해서 관심을 가지고 있었던 것을 알 수 있다. 그는 프로이트와 결별한 다음에도 적극적 상상active imagination을 통하여 필레몬, 엘리야, 살로메 등 성서적 인물들과 대화하였고, 1916년에는 영지주의적 신관을 피력한 「죽은 자들을 위한 일곱 편의 설교」를 썼다. 그러다가 그는 인간의 종교체험에 관심을 느껴서 종교심리학 분야를 연구하였으며 1923년 콘월Cornwall에서 있었던 세미나에서는 어떻게 개인의 누미노제 체험이 상징으로 전환되고, 도그마와 신조로 전환되는지에 대해서 강의하였다. 그는 처음부터 프로이트와 달리 종교

적인 사람homo religiosus이었던 것이다.[5]

그 관심은 동양종교에까지 이어져서 그는 1920년경부터 도덕경과 주역 등을 읽었고, 같은 무렵 카이젤링 백작의 집에서 개최된 '지혜의 학파' 모임에서 중국 선교사이며 중국학자였던 리처드 빌헬름을 알게 되었다. 그래서 융은 1923년 그를 취리히 심리학 클럽에 초청하여 주역에 관해서 강연하게 하였다. 또한 1926년에 인도학자인 하인리히 짐머가 저술한 『인도의 제식상에 표현된 예술형태와 요가』를 읽었고, 1930년대 초에 그를 만나 수일간 함께 지내면서 인도신화에 대한 이야기를 나누었다. 그러다가 1938년에 인도 정부의 초청으로 콜카타대학 창립 25주년 기념행사에 참석하는 길에 인도 여행을 하면서 종교가 인간의 정신에 얼마나 깊은 영향을 미치는지에 관해서 깊은 인상을 받았다. 자연히 불교에도 관심을 가지게 되어 1935년 『바르도 퇴돌(티베트 사자의 서)』에 관한 심리학적 주석을 썼고, 1939년 선불교학자인 스즈키가 쓴 『대해탈』의 서문을 쓰면서 동서양의 종교성 사이에 있는 비슷한 점과 다른 점에 대해서 피력하였다.[6] 그러는 한편 1932닌 군딜리니 요가에 관한 세미나를 진행하면서, 요가의 명상과 비교秘教의 수행훈련이 정신치료와 깊은 관련이 있음을 알게 되었고, 이냐시오의 영성훈련, 파탄잘리 요가수트라, 불교의 명상훈련 등역시 용어와 수행 방법은 조금씩 다르지만, 궁극적으로는무의식과 접촉함으로써 인격의 변환을 추구하는 수련이라는 사실을 깨달았다. 각 종교의 수행법들은 모두 그가 정신치료의 궁극적인 목표라고 주장한 개성화 과정과 같은 목적을 가지고 수행된다는 사실을 확인하였던 것이다.[7]

그러나 이 과정에서 가장 의미 깊은 것은 그가 1929년 리처드 빌헬름이 독역獨譯한 도교의 연금술서인 『태을금화종지』를 해제解題한 것이었다. 그 무렵 그는 황금의 성에 관한 만다라를 이유도 모르면서 그리고 있었는데, 빌헬름이 그에게 황금의 성에 관한 만다라가 들어 있는 『태을금화종지』독역본을 보냈던 것이다. 그는 그 책을 보고 깜짝 놀랐고, 거기에는 어떤 의미가 있지 않을까 하고 생각하였다. 그 책에는 그가 그 당시 그리고 있었던 만다라 그림이 많이 들어 있었기 때문이다. 그래서 그는 도교연금술에 대해서 깊이 있게 파고들었는데, 그 연구로 인하여 그는 놀라운 사실을 알게 되었다. 도교 연금술은 여러 가지 차이가 있음에도 불구하고 궁극적으로는 그가 하고 있는 분석심리학 작업과 같은 길을 가고 있었던 것이다. 그는 그 작업을 마치고 그에게 더 익숙할 수 있는 서양 연금술 문헌들을 살펴보았는데, 거기에서 그는 그가 예상했던 결과를 확인할 수 있었다. 서양 연금술 역시 물질로서의 금을 만들려고 했던 것이 아니라 정신의 금金인 구원을 추구하려는 작업이었으며, 연금술의 비방秘方들은 모두 상징들로 해석되어야 할 것임을 알게 되었던 것이다.

더구나 연금술이 기독교에서 이단으로 정죄된 영지주의와 깊은 관련이 있지만, 영지주의와 달리 물질을 구속救贖하려는 데 목적이 있음을 알게 되었다.[8] 그래서 그다음 그는 연금술 연구에 몰두하였고, 연금술에서 그가 연구하던 분석심리학의 "역사적이고, 물질적인" 기반을 발견하였다. 왜냐하면 연금술사들은 그가 말하는 그림자, 아니마anima/아니무스animus, 자기 등 정신적 개념들을 구체적인 물질로 표상하고 있으며, 사람들은 그 작업을 수천 년 동안 해 왔기 때문이다. 그는 연금술서에 나오는 철, 구리, 납 등을 그 물질로 보지 않고, 남성성, 여성성, 우울증 등 상징적 의미로 읽으면 연금술은 그의 심리학 작업과 완전히 일치한다는 사실을 발견했던 것이다. 그들이 그렇게 했던 것은 그들이 교리에 얽매이지 않고 하나님을 직접적이고 개인적인 방식으로 체험하고 싶었기 때문이다. 연금술사들은 다른 사람들보다 좀 더 내향적인 사람들인데, 제도적인 교회에서 제시하는 무미건조한 교리들에서 만족하지 못해서 비의종교적인 방식으로 나아갔던 것이다. 그들은 기독교와 다른 방식으로 인간의 내면에 있는 신적 요소와 만나고 그것을 실현시키려고 했던 것이다. 그들이 물리적인 방법을 사용한 것은 영지주의자로 정죄 받지 않으려고 했기 때문이다. 그들은 제도적인 종교인들과 달리 영지주의자들처럼 심층에 있는 신성神性에 다가가려고 했지만 종교적 언어 대신 물리적 언어를 사용했던 것이다. 융은 연금술에서 그런 것들을 읽어내자 모든 종교는 서로 다른 방식으로 접근하지만 결국 내면에 있는 신성에 접근하여 그것을 실현시키려는 고뇌임을 알게 되었다. 그래서 그는 젊은 시절 멀리했던 기독교로 되돌아가서 기독교 도그마 속에 있는 상징성에 대해서 연구하면서, 현대 사회에서 역동성을 잃은 기독교가 다시 의미를 찾으려면 어떻게 해야 하는지 고찰하였다.

기독교에 관한 그의 저작을 살펴보면, 우선 1937년 테리 강좌에서 강연한 『심리학과 종교』가 있고, 곧 이어 1940년 에라노스 학회에서 발표한 「삼위일체 도그마에 대한 심리학적 접근」이 있다. 「삼위일체 도그마에 대한 심리학적 접근」은 『심리학과 종교』의 후속편인 듯하다. 왜냐하면 그는 테리 강좌에서 '심리학과 종교'를 전반적으로 다루면서 기독교의 삼위일체 도그마가 가지는 한계에 대해서 언급하였지만, 이 논문에서는 신의 이미지가 삼위적三位的 이미지에 갇혀 있을 때 생길 수 있는 문제점과 그에 대한 대안으로서 사위적四位的 이미지가 가지는 장점에 초점을 맞추어서 살펴보기 때문이다. 그러면서 그는 삼위적 신은 기독교에만 있는 개념이 아니라 메소포타미아의 삼위신, 이집트의 삼위신 개념은 물론 피타고라스학파의 삼위성에서도 나타나는 원형적인 생각인데 사람들은 삼위성뿐만 아니라 사위성도 추구하였고, 현대인에게는 삼위적 신상보다 사위적 신상이 필요하다고 강조하였다. 현대 사회에서 종교, 특히 기독교가 역동성을 잃고 있는데 그것을 극복할 수 있는 새로운 신의 이미지로 사위일체적 신상을 제시하는 것이다.

또한 그는 1941년 에라노스 학회에서 「미사에서의 변환의 상징」을 발표하면서 기독교 제의에서 나타나는 상징이 인간의 정신에 치유적 기능을 하고 있다고 주장하였다. 즉, 기독교 미사는 그리스도가 자신을 바치는 의식을 재현하는 것인데, 미사에서 재현되는 신의 자기희생과 부활을 통하여 인간 속에 있는 본능적 욕망이 신에 의해 받아들여지면서 신성에 통합된다고 주장했던 것이다. 이러한 작업들을 한 다음 그는 1944년 『심리학과 연금술』에서 심리학과 종교에 대해서 종합적으로 고찰하였다. 이 책은 그가 기독교에 관해서 살펴본 책만은 아니었지만, 그는 여기에서 기독교에서 추구해왔던 구원과 연금술에서 만들려는 금(또는 비약秘藥)을 같은 맥락에서 생각할 수 있으며, 그것들은 다시 분석심리학에서 추구하는 개성화와 같은 작업이라는 사실을 강조하였다. 즉 기독교, 연금술, 분석심리학은 여러 가지 정신적인 문제 때문에 발현되지 못하고 있는 인간의 내면에 있는 신성神性을 실현시키려는 서로 다른 분야에서의 작업이라는 사실을 주장하였던 것이다.

이런 생각에서 그는 1948년 처음으로 '자기의 상징으로서의 그리스도'라는 말을 그가 보낸 편지에서 쓰기 시작하면서, 그리스도 상징의 중요성을 주장하였다. 그래서 1951년 『아이온』에서 구원자라는 원형이 역사적으로 어떻게 인류의 정신사에 나타났는가를 고찰하면서, 그리스도라는 개념도 인류가 가지고 있는 구원자 원형에서 도출된 것이라고 주장하였다. 그다음에 마지막으로 저술한 『욥에의 응답』(1952)은 그가 기독교에 대해서 저작한 책 가운데서 가장 중요한 저술이다. 여기에서 그는 인류의 정신사에서 신관이 어떻게 변화되어왔는지를 고찰하면서, 그리스도의 성육신 개념은 인간이 불합리한 운명을 받아들이면서 자신의 내면에 있는 신성을 완성하는 탁월한 개념이라고 주장하였다. 그래서 현대인은 앞으로 그리스도가 성육신하였듯이 자신의 내면에 있는 신성을 의식화하여 계속되는 성육신을 이루어가야 한다고 강조하였다. 그것은 한 개인에게 정신발달을 이루는 작업일 뿐만 아니라 인류 전체의 정신발달을 도모하는 작업이기 때문이나.[9]

2) 현대인의 영적 고뇌와 중심적 진리의 해체

융이 종교에 대해서 그렇게 깊은 관심을 기울였던 이유는 지금까지 살펴보았듯이 그가 종교와 정신치료 사이에는 밀접한 관계가 있으며, 현대 사회의 많은 문제는 현대 사회에서 종교가 약화된 결과라고 생각하였기 때문이다. 그러면서 그는 현대 사회의 이런 문제들은 니체가 이미 "신은 죽었다"는 말로 예견하였다고 주장하였다.[10] 현대 사회가 당면하고 있는 정신적인 문제를 그의 생각으로 진단하면 다음과 같은 세 가지로 정리할 수 있다.

첫째, 현대 사회에서는 합리주의가 지나치게 팽배하게 되어 정신적으로 황폐하게 되었다. 왜냐하면 합리주의는 정신적인 것들의 가치를 별것 아닌 것으로 환원시켜버리고, 그 공백을 물질주의적 풍조로 채우려고 하기 때문이다. 그 결과 물질문명이 발달한 사회에서 사람들은 인간의 정신까지 그 자체로 존재하는 하나의 실체*ens per se*로 보지 않고, 두뇌의 물리-화학적 작용의 결과로 생기는 것으로 환원시키려고 한다. 현대 사회에서는 영혼이 없는 과학, 영혼이 없는 기술이 만연하고 있는 것이다. 따라서 현대인은 물질적인 것들과 똑같이 삶의 중요한 부분을 이루는 정신의 영역을 무시하고, 눈에 보이는 물질적인 것들에 경도되어 있다. 그래서 현대인은 내용 없는 현상들에 매달리면서 그 전 시대 사람에게는 드물었던 정신질환에 더 많이 시달리게 되었다. 현대인은 물질적으로는 그 어느 시대보다 풍요한 세계에서 살지만, 그 안에서 의미를 찾지 못하고 뿌리가 뽑힌 듯한 삶을 살고 있는 것이다.[11]

둘째, 현대인은 그전 시대 사람들에게 삶의 기반을 제공한 도덕 체계의 붕괴로 윤리적이고 도덕적인 태도를 상실하면서 점점 더 자아-중심적인 태도를 가지고 살고 있다. 그래서 현대인은 내면에 있는 동물적 충동이나 이기적 욕구를 자제시켜온 도덕률의 굴레에서 벗어나 무규범적인 태도로 사는 경우가 많다. 사람들은 자신의 욕망을 제어하지 못하거나 절대시하면서 다른 사람들의 욕망을 통제하려고 하는 것이다. 도덕이 사라진 사회에서 자기보존의 본능이 우세하여 "모든 사람은 모든 사람에게 늑대가 되어서" 싸우는 것이다. 그러한 사회 체제에 대한 반발로 서구에서는 히피 문화와 동양종교에 대한 귀의 등이 많아졌는데, 이러한 흐름은 상당 기간 지속될 것이다. 신이 죽은 사회에서 사람들은 돈을 하나님처럼 숭배하면서 돈을 추구하고, 합리적이기만 한 서구 사회의 남성적 원리에서 벗어나려고 하기 때문이다.[12] 그러나 융은 "도덕적 가치의 강제력은 오직 형이상학으로부터 나온다. … 형이상학으로부터 떨어져 나온 윤리학은 그것이 근거할 자리를 잃어버렸기 때문이다"[13]라고 주장하면서, 현대 사회가 바로 설 수 있도록 새로운 형이상학적 토대를 마련하려고 하였다. 현대 사회에서 인간의 욕망이나 돈이 신으로 되었는데 그런 현상이 극복되려면 참된 신이 찾아져야 한다는 것이다.

마지막으로 현대인에게 의식이 지나치게 발달하여 무의식과의 접촉이 원활하지 않게 되자 의식과 무의식 사이의 균형이 깨어져서 현대인은 정신적으로 취약하게 되었다. 그 결과 현대인은 무의식의 침범을 많이 받게 되었고, 그것은 때때로 원시적 폭력성을 분출하게 한다. 그래서 현대 사회에서는 발작적이고 충동적인 범죄가 빈발하면서 피해자나 가해자 모두 고통받고 있으며, 다른 한쪽에서 신경증적 고통을 받는 사람들이 많아졌다. 현대인이 의식과 함께 정신의 전체성을 이루는 무의식을 무시하자 무의식이 반발하게 된 것이다. 그러나 융은 무의식을 소홀히 하지 말아야 한다고 강조하였다. 왜냐하면 "인간은 사실 무의식 속에 살고 있는 저 비개인적 세력들을 두려워할 충분한 이유를 가지고 있다. … 무리 속에서 인간은 무의식적으로 의식의 문턱 아래 항상 존재하는 보다 낮은 도덕적, 지적 수준으로 내려간다. 원시인의 생활은 언제나 어딘가에 숨어서 빈틈을 노리고 있는 정신적 위험의 가능성에 관한 두려움으로 가득 차 있기"[14] 때문이다.

융은 현대 사회의 이런 문제들의 근본적인 원인은 현대 사회에서 중심적 진리 또는 중심적 가치가 흔들려 있기 때문이라고 진단하였다. 현대인은 그들의 삶에 방향과 목적을 제시해주던 중심적 진리를 잃게 되자 혼돈에 빠지게 되었다는 것이다. 사실 사람들은 어느 시대에서나 그들의 삶을 가능하게 해주는 질서의 원리를 찾아왔다. 그 원리는 사람들의 삶에 혼란이 조성될 때 질서를 잡아주고, 삶이 무의미하게 느껴질 때 삶에는 어떤 일관성과 의미가 있다는 사실을 일게 해주있기 때문이다. 그깃을 기독교에서는 섭리,

불교에서는 인연, 도교에서는 도라고 불렀다. 그래서 사람들이 그 원리를 따라서 살 때, 그들은 눈앞에서 전개되는 단편적인 상황에 매달리지 않고, 영원한 가치를 따라서 살 수 있었다. 그러나 현대 사회가 무신적無神的으로 되면서, 눈에 보이지 않는 영혼의 세계를 무시하자 영혼은 어둠에 잠겨서 현대인을 괴롭히게 되었다.[15]

이런 상황에서 동서 종교문명권의 만남은 현대 사회의 영적 상황을 더욱더 악화시켰다. 왜냐하면 세계의 각 종교문명권에서는 그동안 각각의 문명권에서 절대라고 생각하는 신이나 원리를 중심적 진리와 절대 가치로 믿으면서 살았는데, 세계의 종교들이 만나면서 어느 것 하나 자신의 절대성을 주장할 수 없게 되었기 때문이다. 물론 각 종교는 자신의 체제 내에서는 절대성을 주장하지만 객관적으로 볼 때, 현대 사회에서 모든 신은 이제 어느 정도 상대화되어 현대인은 그들이 믿는 신의 절대성을 그전 시대 사람들보다 더 확고하게 주장할 수 없게 된 것이다. 그에 따라서 불안을 더 많이 느낀 사람들 가운데 광신적인 태도를 보이는 이들도 있지만, 그것은 다만 반동형성reaction formation일 뿐이다. 이제 많은 사람은 과거처럼 그들이 믿는 신이라는 기반 위에 삶의 토대를 확립하지 못하고, 반쯤은 회의하면서 사는 것이다.

현대 사회의 문제와 신의 이미지

1) 중심적 진리의 상실과 새로운 신의 이미지

이런 사회에서 사람들은 자연히 모든 것을 의식으로 재단裁斷하면서 자아-중심적으로 사는데, 자아-의식은 결코 정신의 중심이 될 수 없다. 자아ego는 의식의 중심일 뿐, 정신 전체의 중심이 아니기 때문이다. 인간의 정신은 자아가 지금 생각하고, 느끼고, 지각하고, 판단하는 내용들로만 구성되지 않고, 그것들을 무한하게 뛰어넘는 내용들까지 포괄하고 있는 것이다. 따라서 사람들이 이 세상을 자아-의식만 가지고 파악하면서 살 때, 그 삶은 지극히 협소하고, 무의미하며, 무료해질 수밖에 없다. 지극히 작은 숟가락으로 바닷물을 퍼 담으려고 할 때, 무의식적으로 무의미감이 느껴지기 때문이다. 영국의 분석심리학자 버타인E. Bertine은 이런 사회에서는 필연적으로 한쪽 측면에서만 가치가 있는 진리들이 등장하거나, 세속적 가치가 중심적 가치를 대체하려고 하거나, 단순히 고통만 피하려는 태도들이 생겨난다고 주장하였다. 그런데 현대 사회에서는 지금 한쪽 면에서만 가치가 있는 여러 가지 주의, 주장을 숭배하거나, 세속적 가치인 돈, 성공, 권력 등을 신처럼 숭배하며, 많은 사람은 깊이 생각하지 않고 고통스럽지 않은 길만 찾아 헤매는 경우가 많다.[16]

그러나 융은 현대인의 이런 대응은 임시방편적인 것일 뿐 결코 문제의 근본적인 해결책이 되지 못한다고 강조하였다. 그 방법들 역시 지극히 자아–의식 중심적인 것으로서 인간 정신의 전체성을 담지 못하기 때문이다. 오히려 그는 현대 사회에서 여태까지 사람들의 삶에 절대적인 영향을 주었던 신이 더 이상 중심적 진리가 되지 못한다면, 새로운 신을 찾아야 한다고 강조하였다. 사람들은 그들이 그동안 신이라고 생각했던 이미지에서 벗어나 새로운 신의 이미지를 찾아야 한다는 것이다. 융의 이런 생각은 중세의 신비가 에크하르트Eckhart의 사상과 비슷한데, 그 역시 신성Godhead과 신God을 구분하면서, 신성은 신의 본질을 의미하고, 신은 사람들이 신이라고 믿는 이미지를 말한다고 하였다.[17]

사실 한 사람이 신은 어떤 존재라고 생각하는 이미지는 그가 신성과 만나는 데서 중요한 역할을 한다. 모든 사람은 그들이 가진 신의 이미지를 매개로 해서 형이상학적 신을 체험하기 때문이다. 그래서 융은 현대 사회에서 사람들이 생각하는 신의 이미지가 그들로 하여금 살아 있는 신을 만나게 해주지 못한다면 현대인은 새로운 이미지를 찾아내야 한다고 강조하였다. 왜냐하면 과거에 만들어진 신의 이미지는 시대가 달라지면서 영향력을 상실했기 때문이다. 실제로 현대 사회에서는 그동안 사람들이 과거의 신에게 투사시켰던 에너지가 더 이상 투사 대상을 찾지 못하여 의식에서 흘러넘치면서 수많은 문제를 불러일으키고 있다. 그는 그 사실을 그 자신은 물론 그를 찾아오는 수많은 환자를 통해서 확인하였다: "과거에는 교회에서 잘 설명해주었던 원형적인 내용들이 오늘날에는 그 투사 대상에서 풀려나왔고 현대인을 사로잡고 있다. … 그 내용에 연계되어 있던 정신에너지가 요동을 쳐서 우리는 무관심한 채로 있지 못하는 것이다."[18] 현대인에게는 새로운 신의 이미지가 필요한 것이다.

2) 현대인과 신인동형동성론적 신의 이미지

융은 신은 그가 가진 강력한 힘 때문에 사람들에게 신성한 체험을 하게 하면서 그의 존재 전체를 온통 사로잡고 뒤흔드는 존재이고, 종교는 그 역동적인 요소를 체험한 다음에 변화된 인간 정신의 특수한 태도라고 주장하였다. 신성한 체험을 한 다음에 사람들은 그가 체험했던 신성한 힘이 언제 어떻게 다시 나타날 것인지 모든 것을 유심히 살펴보면서 주의 깊은 고려와 관찰의 태도를 보이기 때문이다.[19] 그래서 융은 바울의 체험에 대해서 깊은 관심을 기울였다. 바울은 예수 그리스도를 개인적으로 접촉한 적은 없지만 말로만 들었던 예수 그리스도가 부활한 모습을 역동적으로 체험하였고, 그전과 전혀 다른 삶을 살았기 때문이다. 그런 점에서 바울은 어떤 면에서 현대인과 같은 입장에 있다고 할 수 있다. 바울은 도그마로 알려진 예수 그리스도를 역동적으로 체험하면서 그 누구보다도 강력한 삶을 살았기 때문이다. 그러나 현대 사회에서는 도그마가 이제 그전과 같은 영향력을 발휘하지 못하고 있다.

그렇다면 바울로 하여금 예수 그리스도에 대한 강력한 체험을 하게 했던 것은 무엇인가? 융은 그 문제에 대한 해결책으로 신인동형동성론적anthropomorphic 신에 대한 재고再考가 필요하다고 주장하였다.[20] 신인동형동성론이란 사람들이 신을 인간과 비슷한 형상과 성격을 가진 존재로 생각하는 것을 말한다. 신에 대한 인간의 생각이 발달하는 과정에서 신을 마치 그리스 신화에 나오는 신처럼 인간과 비슷한 모습과 속성을 가진 존재로 생각하는 것이다. 그것은 사람들이 신을 처음에 하늘이나 천둥 같은 자연 현상으로 생각하다가, 호랑이나 곰같이 강력한 동물로 생각한 다음, 반인반수적 신으로 생각했던 것에 비하면 그래도 많이 발달한 모습이다. 그러나 의식화가 많이 이루어진 현대인은 이제 더 이상 그런 신을 믿지 못하고, 새로운 신의 이미지를 요청한다는 것이다. 왜냐하면 그 신 역시 현대인에게 살아 있는 신 앞에서 느끼는 신성력神聖力을 체험하게 하지 못하기 때문이다. 신의 이미지는 인지人智의 발달에 따라서 변화되었는데 현대 사회에 들어와서 과거에 형성된 신의 이미지는 더 이상 영향력을 발휘하지 못한다는 것이다: "… 우리가 신神이라는 단어를 말한다면, 우리는 시간의 경과에 따라 수많은 변환을 겪은 어떤 이미지image나 언어 개념을 말하는 것이다."[21] 그러므로 이제는 현대인이 형이상학적 신을 체험할 수 있게 하는 새로운 신의 이미지가 필요한 것이다.

그러면 융은 형이상학적 신에 대해서 어떻게 생각하였는가? 융은 그 신은 인간이 도저히 다 파악할 수 없을 정도로 인간의 인지체계를 무한하게 뛰어넘는 존재라고 생각하였다. 인간은 그 신을 다 알 수 없고 오직 체험만 할 수 있을 뿐인 것이다. 융은 그 신에 대해서는 독일의 종교철학자 루돌프 오토가 말한 누멘numen 개념이 가장 잘 설명해준다고 생각하였다. 그 신은 한편으로는 인간을 한없이 압도하는 어마어마한 신비이고, 다른 한편으로는 인간을 한없이 끌어들이는 매혹적인 신비라서 인간은 그 앞에서 두려움과 떨림은 물론 한없이 이끄는 매력, 즉 양가적 감정을 느끼는 것이다.[22] 그러나 신인동형동성론적 신은 인간과 너무 비슷해서 인간에게 진정한 신을 전해주지 못한다: "인간 속에서 최대의 세력을 갖고 있는 그와 같은 심리학적 사실은 '신'으로서 작용한다. 왜냐하면 그것은 언제나 압도하는 정신적 요소이기 때문에 '신'이라고 부르게 되는 것이다. 신이 압도적인 요소가 되기를 그치면 그는 단지 이름뿐인 것이 된다. 그의 본질적인 것은 죽는다."[23] 그 신이 과거에는 형이상학적 신을 체험하게 해주었을지 몰라도 이제는 그러지 못하는 것이다.

융에 의하면 신은 양가적 존재이다. 신은 아버지(남성적)이며 어머니(여성적)이고, 현존하지만 부재하며, 선하지만 악하기도 하는 등 수많은 대극적對極的 이미지를 동시에 가지고 있는 것이다.[24] 융은 사람들은 신의 양가성 때문에 신을 더 역동적으로 체험할 수 있으며, 이 양가성은 사람들로 하여금 인간사의 모든 대극성을 통합하게 하는 기초가 된다고 주장하였다. 왜냐하면 신에게 양가성이 없다면 인간은 그런 신을 통해서 역동성을 느끼지 못하고, 그런 신은 강력하지도 않기 때문이다. 예를 들어서 말하자면, 사람들은 선하기만 한 신에게는 두려움을 느끼지 않는다. 그런 신은 인간을 위압할 수 없기 때문이다. 그래서 그런 신은 결국 신도 아니게 되고 만다. 양가적이지 않은 신에게는 움직임도 없고, 작용도 없기 때문이다. 그래서 사람들이 신을 선하게만 생각하면, 나중에는 그 신을 부리려고 한다. 그러나 융은 "신성이 우리에게 역동적으로 체험되는 것을 생각할 때, 신에게는 본래부터 양극성 또는 역설이 내재해 있음이 틀림없다"[25]고 강조하였다. 그런데 현재 기독교에서 제시하는 신은 너무 신인동형동성론적 신이라서 현대인에게 온전한 신을 전달해주지 못하고 있다. 이것이 현대 기독교의 문제이다.

자기와 신

1) 신의 이미지와 자기

그러면 형이상학적 신과 사람들이 신이라고 생각하는 신의 이미지 사이에는 어떤 관계가 있고, 분석심리학은 그 문제에 대해서 무슨 말을 할 수 있는가? 그것은 사람들이 신이라고 생각하는 신은 신의 본질적인 부분이 아니라 사람들의 내면에 있는 정신요소인 자기自己의 투사상이라는 것이다. 왜냐하면 형이상학적 신은 인간의 이성을 초월하는 존재라서, 이성의 한계에 가둬 놓을 수 없고 다만 체험만 할 수 있을 뿐이며, 사람들은 신은 어떤 분이라고 그리면서 그것을 토대로 신에게 접근하기 때문이다. 그때 자기는 인간의 정신요소들 가운데서 가장 강력하고, 전체적인 요소라서 사람들이 신이라는 모습으로 그리는 이미지의 기반이 된다. 그래서 융은 자기를 가리켜서 우리-안에 있는-신 God-within-us이라고 불렀다. 자기는 사람들이 하는 종교체험의 기반이 되고, 사람들이 꿈이나 여러 가지 정신현상을 통하여 자기 원형을 체험하는 순간 신을 체험할 때 느끼는 것과 똑같은 누미노제 체험을 하게 하는 것이다.

융은 심리학적인 관점에서 볼 때, 인류는 태초부터 신적인 존재를 체험하였고, 인류가 체험한 신은 집단적 무의식 속에 원형의 형태로 저장되었다고 주장하였다. 그래서 후대 사람들은 무의식에 각인된 이 체험의 흔적들을 기반으로 해서 다시 신을 체험힐 수 있다. 그래서 융은 자기를 '신

이미지의 원형archetype de l'image de Dieu'이라고 하였다. 자기는 한 사람만이 신은 어떻다고 그리는 이미지가 아니라 모든 사람이 신은 어떻다고 그리는 이미지의 원천源泉이라는 것이다. 사람들이 그것을 토대로 해서 살아 있는 신에게 다가가는 것은 그 때문이다: "사람들은 자기 속에 신과 함께할 수 있는 능력을 가지고 있다. 다시 말해서 신의 본성과 만날 수 있는 기능을 가지고 있는 것이다. 그것 없이 신과 인간의 관계는 불가능하다. 심리학적인 관점에서 말하자면, 신과 관계 맺을 수 있는 것은 사람들 속에 있는 '신의 이미지라는 원형archetype of the image of God' 때문인 것이다."[26]

그러므로 자기는 신이 사람들의 내적 분열을 통합하게 하고, 삶의 올바른 방향을 찾아 나가게 하는 것처럼, 한 사람의 내면에서 모든 정신 요소를 통합하게 하고, 정신의 균형이 깨어질 때 조절하게 한다. 그래서 영국의 후기 융 학파 사무엘스는 자기Self라는 단어에는 통일체, 질서, 조직, 전일성, 균형, 통합, 전체성, 조절, 유형, 중심성, 종합이라는 의미가 꼬리에 꼬리를 물면서 이어지는 것을 볼 수 있다고 주장하였다. 자기는 한 사람의 삶에서 중심을 잡아주

고, 균형을 이루게 하며, 통합하게 하는 원천이 된다는 것이다.[27]

여기에서 우리는 자기 원형을 두 가지 측면에서 생각할수 있다. 첫째로 자기는 어떤 사람이 그가 믿는 신을 어떤존재라고 생각할 때 투사의 원천으로서 그로 하여금 그 신을 체험하게 하는 정신 요소이고, 둘째로 자기는 한 사람의삶에서 그를 이끌어가는 중심적 진리와 가치의 원천이 되는 요소인 것이다. 이렇게 볼 때, 자기는 생명生命이 태초로부터 지금까지 진화하면서 최적의 상태에 도달해왔듯이,현재라는 시점에서 다시 새로운 진화를 향해서 나아가게하는 내적 동인動因임을 알 수 있다. 그러므로 모든 종교에서 종교인이 신을 닮으려고 애쓰는 것처럼 자아自我는 자기를 실현시키려고 한다. 신의 이미지와 자기의 원형상 사이에는 밀접한 관계가 있는 것이다. 그러므로 사람들이 형이상학적인 신을 체험하려면 올바른 신의 이미지가 무엇보다도 필요하다. 그러나 융은 현대 교회에서 제시하는 신의 이미지에는 무엇인가 부족함이 있다고 주장하였다.[28]

2) 자기의 의미와 기능

(1) 자기의 의미

그러면 신의 이미지의 투사 원천이 되는 자기는 무엇인가? 융이 말한 자기의 의미를 정리하면 다음과 같은 네 가지가 될 것이다.

첫째로 자기는 정신 전체의 중심이다. 사람들은 흔히 그의 자아가 정신 전체의 중심인 줄 알고 그가 지금 보고, 듣고, 느끼며, 생각하고, 욕망하는 것들이 전부인 줄 알고 사는데, 그것은 정신의 지극히 작은 부분에 불과하고, 정신 전체의 중심은 그것보다 훨씬 더 큰 자기인 것이다: "의식의 중심인 자아를 정신의 전체와 혼동하지 말아야 한다. 자아는 다른 수많은 것과 마찬가지로 하나의 콤플렉스일 뿐이다."[29] 그러므로 사람들은 자아-중심적인 태도에서 벗어나 자아가 지각하는 세계보다 훨씬 더 크고 넓은 세계가 있다는 사실을 깨닫고 그 세계를 향하여 나아가야 한다. 그렇지 하지 않을 때 사람들은 정신적인 문제에 봉착하게 된다.

둘째로 자기는 전체성을 나타낸다. 자기는 의식과 무의식, 남성적인 요소와 여성적인 요소, 인간의 정신을 구성하는 밝은 요소와 어두운 요소를 모두 포괄하는 전체적 요소인 것이다. 그래서 자기는 정신을 구성하는 모든 대극적 요소들을 통합하면서, 한 사람이 전일성wholeness을 이루게 한다: "자기는 중심일 뿐만 아니라, 의식과 무의식을 그 안에 품고 있는 테두리이며 전체 정신의 중심이다."[30] 그래서 자기는 자아가 발달하는 과정에서 분화시킨 대극적 요소들이 조화와 균형을 이루지 못하여 갈등적 상황에 빠질 때 그것들을 통합하면서 정신의 전체성을 이루게 한다. 이러한 자기의 전체성은 원과 사각형으로 만들어진 기하학적 형상인 만다라 상징에서 가장 잘 표상된다. 그래서 꿈이나 환상을 통해서 만다라 상징을 체험한 사람들은 누멘적 체험을 하며, 분열되었던 대극적 요소들을 통합할 수 있다.

셋째로 자기는 인간의 정신 속에서 실현되어야 하는 잠재성이다. 자기는 서로 반대되는 정신 요소들로 이루어진 인간의 정신이 제대로 기능하기 위해서 자아와 긴밀한 축을 이루면서 실현되어야 하는 정신 요소인 것이다. 그렇지 않을 경우 사람들은 정신적 어려움에 빠지며 여러 가지 정신질환이 생겨난다: "그것은 더 높이 있는 것을 의식화하는 것인데, 다시 말해서 서로 떨어져 있는 개인들을 의식하고 그들을 뛰어넘는 전체성의 상징을 의식하여 그 사이에 관계를 맺는 작업이다."[31] 그래서 프랑스의 융 학파 분석가 엘리 윔베르Elie Humbert는 융 분석의 중요한 공헌 가운데 하나는 융이 자기를 한 개인이나 집단이 의식과 함께 주체를 형성하고 발달시키는 무의식의 원리로 제시하였다는 데 있다고 주장하였다. 인간의 정신에는 실현되어야 할 무의식의 원리가 있고, 그것을 실현시킬 때 인간의 삶은 최적성을 향해서 나아갈 수 있다는 것이다.

넷째로 자기는 인간 정신의 목표이다. 이러한 특성을 가진 자기를 실현하는 것은 모든 사람이 궁극적으로 도달해야 하는 정신의 목표이다. 그래서 융은 자기-실현의 과정인 개성화individuation는 정신치료뿐만 아니라 모든 사람이 궁극적으로 도달해야 하는 정신의 궁극적 목표라고 주장하였다. 자기는 위에서 말한 대로, 인간 정신의 중심이고 전체성이며, 잠재성이기 때문에 인간 정신이 나아가야 하는 최종점이라는 것이다. 따라서 자기가 실현되지 않을 경우, 그 사람의 삶은 아직 완성되지 않아서 크고 작은 정신적 문제

에 시달리게 된다: "자기는 인간 전체의 목표이다. 다시 말해서 그가 원하든지 원하지 않든지 그의 전체성과 개성을 실현하는 것이다. 그 과정은 본능적인데, 본능은 그가 동의하든지 동의하지 않든지 개인적인 삶을 이루는 모든 것에 관여한다."[32]

(2) 자기의 기능

이러한 의미를 가진 자기는 인간의 정신에서 중요한 역할을 한다. 자기는 한 사람의 삶에서 방향을 제시하고, 전체를 이루게 하며, 중심이 되는 것이다. 이와 같은 자기의 기능을 정리하면 다음과 같다.

첫째로 보상의 기능이다. 융은 무의식을, 의식과 양립할 수 없어서 배척된 요소들로 구성되었다고 생각한 프로이트와 달리, 의식과 더불어 전체 정신을 구성하는 체계로 보았기 때문에 무의식의 기본적 기능을 보상이라고 생각하였다. 자기는 자아-의식이 환경에 적응하느라고 발달된 기능만 사용하여 정신의 전체성이 깨어질 때 그와 반대되는 요소를 제시하면서 혼돈된 상태를 종식시킨다는 것이다: "자기는 내면과 외부 사이에 생긴 갈등에 대한 일종의 보상으로 생각할 수 있다. … 자기는 우리가 개인성이라고 부른 운명적인 것의 가장 완벽한 표현이기 때문에 삶의 목표이다."[33] 자기는 의식이 무의식을 무시하고 지나치게 항진될 때 무의식적인 것들을 제시하고, 남성적 요소가 지나치게 항진될 때는 여성적 요소를 제시하면서 정신의 전체적인 균형을 잡게 하는 것이다. 자기는 의식의 일방성을 보충하고 교정하는 방향으로 작용하는 것이다.

둘째로 자기가 하는 보상 기능은 자기-조절의 형태로 나타난다. 자기는 한 사람의 내면에서 정신에너지가 제대로 흐르지 못하고 삶이 혼돈에 빠질 때 자기-조절self-regulate을 하게 하는 것이다. 자기-조절의 기능은 무의식의 보상이 상황이 서로 다를 때 서로 다른 방식으로 일어나는 것을 통해서 알 수 있다. 즉, 한 사람의 꿈이 같은 이미지를 보여줄지라도 그 의미는 꿈 꾼 이의 의식과 무의식의 균형 정도에 따라서 서로 다른 방식으로 해석되어야 하는 것이다. 자기는 한 사람의 정신에서 그 사람이 적절한 형태로 중심을 향해서 나아가도록 이끌어주는 것이다. 그러므로 보상과 자기-조절은 궁극적으로 같은 작용이지만 보상은 자기의 전체성에 초점을 맞추었을 때를 지칭하는 이름이고, 자기-조절은 자기를 정신의 중심으로 볼 때를 지칭하는 이름이라고 할 수 있다: "변화하는 것들을 다시 통합하고 혼돈 속에 있는 것들에 질서를 부여함으로써 부조화 상태에 있는 것들과 중심의 둘레에 배열되어 있던 것들은 통일을 이룰 수 있다. … 의식은 이제 무의식과 다시 이어지고, 무의식적으로 살던 사람은 그의 중심과 다시 이어지는 것이다."[34]

셋째로 자기에는 초월적 기능이 있다. 자기는 인간 정신의 대극적 요소들을 동시에 포함하는 전체성을 지니고 있어서 자기는 대극들 사이에서 갈등이 생길 때 제3의 자리에서 통합하는 것이다. 그래서 융은 "왼쪽의 세력들이 오른쪽 세력들처럼 진실이라면 그것들의 합일만이 두 성질을 모두 포함한 제3의 어떤 것을 만들어낼 수 있다. … 이로부터 생겨나는 제3의 것은 대극들로부터 자유롭고 도덕적 범주들의 저편에 있는 형상이다"[35]라고 하였으며 "자기는 자아가 아니라 자아의 위에 있으면서 의식과 무의식을 아우르는 전체성인 것은 틀림없는 사실이다. … 이는 … 그 이름이 어떻게 불리든지 자기가 혼돈된 상황을 효과적으로 보상하기 때문이다"[36]라고 덧붙였다. 자기의 상징이 치유를 가능하게 하는 것은 자기가 가진 초월적 기능 때문이다. 자기의 상징은 의식과 무의식의 서로 다른 성향이 대립될 때 제3의 자리에서 그 둘을 중재하면서 정신에너지의 정체를 풀고 새로운 창조를 향해서 나아가게 하는 것이다: "(그때) 에너지의 정체 상태는 극복되고, 생명은 새로운 목표를 향해서 나아가는 새로운 에너지를 따라서 흘러가게 된다. 나는 이 과정의 전체를 초월적 기능이라고 불렀는데, … 이때 '초월'은 형이상학적 특질을 나타내는 것이 아니라 … 하나의 태도에서 다른 태도로 이행하게 하는 것을 나타내는 것이다."[37]

이러한 특성과 기능을 가진 자기는 대극 사이의 균열이 심각하여 통합이 필요할 때나 거의 통합이 이루어질 무렵 꿈이나 환상 속에서 만다라, 그리스도, 부처 등 통합, 질서, 중심을 나타내는 상징으로 종종 나타난다. 그래서 융은 "그리스도 상징은 심리학에서 가장 중요한 상징이다. 그 상징은 부처의 상징과 더불어서 자기를 나타내는 상징 가운데 가장 발달되어 있고, 가장 분화되어 있는 상징이다"[38]라고 하면서 자기의 원형상과 종교에서 말하는 신의 이미지 사이에는 밀접한 관계가 있다고 주장하였다.

이렇게 자기는 인간 정신의 중심과 전체로서 자아가 궁극적으로 자기-실현을 향해서 나아가게 하는 데 결정적인 역할을 한다. 그래서 사람들은 개성화 과정을 거치면서 그 전까지 혼돈되고 분열된 상태에서 살던 모습에서 벗어나 분명한 목표를 향해서 나아가게 된다. 그런데 융은 개성화는 직선적으로 이루어지는 과정이 아니라 나선형적으로 이루어지는 과정이라고 주장하였다. 마치 순례자들이 여러 가지 우여곡절을 거쳐서 결국 성지에 도달하듯이 수많은 해체와 통합을 거치면서 목적지에 도달하게 되는 것이다. 우리는 이런 특성을 가진 개성화 과정과 영적 발달 과정이 유비적인 관계에 있다는 사실을 발견하게 된다. 개성화 과정에서 자아가 자기의 인도를 통해서 결국에는 자기를 실현시킬 수 있는 것처럼, 영적 발달의 과정에서 인간은 신의 인도를 따라서 나아가다가 신의 가르침을 실현시킬 수 있는 것이다.

3) 도그마에서의 신과 자기

그러면 인간에게서 신, 더 정확하게 말해서 사람들이 신이라고 생각하는 존재는 과연 어떤 존재인가? 그리고 그 존재는 융이 말하는 자기와 어떤 관계에 있는가? 그것을 살펴보기 위해서 융과 비슷한 시기에 같은 문화권에서 살았던 독일계 미국 신학자 폴 틸리히의 견해를 살펴보면 많은 도움이 된다. 틸리히는 신과 인간 사이에는 상관관계성이 있다고 주장하였다. 신은 유한한 인간이 부딪히는 삶의 곤경困境에서 요청하는 응답들로 제시되기 때문이다. 신은 인간의 유한성에 무한, 무지에 전지, 무능에 전능 등으로 제시되는 것이다. 그러한 신의 특성을 가장 잘 말해주는 이미지는 아버지이다. 신은 사람들이 어린아이였을 때 그들에게 모든 것을 제공하고, 모든 문제를 해결해주었던 아버지처럼 사람들이 삶에서 부딪히는 수많은 곤경 속에서 응답자가 되는 것이다. 그래서 프로이트는 신을 사람들이 유아시절에 아버지에 대해서 가졌던 이미지를 투사시킨 환상illusion이라고 주장하였다.[39] 신은 아버지가 아들에게 법, 모델, 약속 등을 나타냈듯이, 사람들이 본능적 충동을 극복하고 문명을 이루도록 법을 제정하게 하고, 문명을 향해서 나아가게 하는 모델과 약속의 상像이 된다는 것이다. 그러나 현대 종교심리학에서는 신의 이미지에는 프로이트가 주장한 것처럼 아버지의 이미지만 있는 것이 아니라 훨씬 더 복잡하며, 사람들이 성숙해갈수록 신의 이미지에서 친부의 이미지는 퇴색된다고 주장한다. 특히 벨기에의 정신분석가 베르고트A. Vergote는 신의 이미지는 이미지-기억image-souvenir에서부터 이미지-상징image-symbole으로 발달한다고 주장하였다. 사람들에게서 신의 이미지는 처음에는 그들이 실제 체험했던 아버지와의 관계나 모든 아버지적인 문화적 산물에서 나온 이미지에서 출발하지만, 나중에는 '그래야 하는 아버지', 즉 '주체가 생각하거나 바라는 바의 모습'을 모두 담은 상징적 이미지로 옮겨간다는 것이다.[40] 그래서 성숙한 사람들이 가진 신의 이미지는 실제의 아버지보다 훨씬 더 온전한 상이 된다.

프로이트는 문명인은 종교라는 "환상"에서 벗어나야 한다고 주장하고, 현대 무신론적 사회에서는 무한자, 절대자, 인격적 최고 존재라는 이미지들을 배격하고 있다. 그 이미지들은 자유롭고 책임적인 인간의 행동을 질식시킬 수 있기 때문이다.[41] 그러나 영국의 신학자 폴킹혼은 예일대학에서 주관하는 테리 강좌에서 '과학의 시대에서 신앙이 어떻게 가능할 수 있는가?'라는 주제를 다루면서, 신을 존재나 인격으로 표상하지 않더라도 우주사의 배후에는 신적 정신과 목적이 발견되며, 천문학 분야를 다루는 거시구조나 양자이론 분야를 다루는 미시과정에서 모두 수학 공식으로 표현할 수 있는 놀랄 만한 질서를 찾아볼 수 있다고 주장하였다. 그러면서 우리는 그것을 어떻게 표현할지라도 우주에서 '신의 마음mind of god'이라고 할 수 있는 것을 읽을 수 있다고 덧붙였다: "우리의 윤리적 직관들은 완벽한 신적 의지의 암시들이고, 우리의 미적 즐거움은 창조자와 기쁨을 나눈 것이며, 우리의 종교적 직관들은 하나님의 현존을 전하는 소문들이다."[42]

이러한 현대 사조들을 볼 때 틸리히가 주장한 신론은 우리에게 새로운 지평을 제시한다. 그는 그전까지 기독교 신학에서 주장하던 존재론적 신론에서 벗어나 좀 더 포괄적인 신론을 제시하는 것이다. 그는 이런 신에 대해서 다음과 같은 네 가지 특성이 있다고 주장하였다.

첫째, 존재하는 신이다God as Being. 우리는 여기에서 틸리히가 신을 나타낼 때 소문자 b를 쓰지 않고 대문자 B를 썼다는 점에 주목해야 한다. 신은 단순한 존재가 아니라 존재-자체beimg-itself, 존재의 힘power of being, 존재의 기반ground of being이라는 것이다. 신은 모든 것을 존재하게 하고, 모든 것을 비존재의 위협으로부터 지켜주는 힘의 원천이고, 기반인 것이다: "존재-자체는 모든 유한한 존재를 무한하게 초월한다. 유한과 무한 사이에는 … 절대적 단절과 무한한 간극間隙이 있다. 다른 한편 모든 유한한 것은 존재-자체와 존재-자체의 무한성에 참여한다. 그렇지 않으면 그것은 존재의 힘을 가지지 못할 것이다."[43]

둘째, 살아 있는 신이다God as Living. 신은 그 자신이 살아 있으며 모든 살아 있는 것의 기반으로서 모든 생명체가 생명의 목적을 달성할 수 있도록 역사한다. 살아 있는 모든 것은 그들의 잠재적 존재 상태에서 벗어나 실제적 존재로 되면서 그 목적인 영spirit으로 되는데, 신은 그 과정에 참여하면서 모든 피조물이 그들의 목적을 달성하게 하는 것이다. 모든 생명체는 하나의 과정 속에 있으며 그 과정 속에서 생명체의 내부에 있는 요소들은 나누어지고 통합되며, 다시 나누어지고 다시 통합되는데, 신은 그 자신이 영으로서 모든 생명체가 영으로 되게 하는 것이다. 신은 살아, 역사하는 것이다: "그것(목적이라는 말)은 영을 향해서 나아가는 생명의 내적 지향, 즉 영으로 되고 그 자신을 영으로 성취하려는 생명의 충동을 나타내는 말이다."[44]

셋째, 창조하는 신이다God as Creating. 신은 세계를 창조하였고, 지금도 창조하며, 그의 목적을 창조적으로 완수할 것이다. 틸리히에 의하면 창조 교리는 태초에 있었던 하나의 사건을 가리키는 것이 아니라 인간의 피조적 상황을 가리키고, 인간이 궁극적으로 신에게 의존적이며, 신의 창조 목적을 위해서 그의 창조 사역에 동참하는 사실을 가리킨다. 그때 창조의 목적은 인간이 영으로 되는 것이다: "개인 속에도, 특히 개별적 인간의 속에도 그의 생명이 전개되는 매우 다양한 계기를 초월하는 내적 목적telos이 들어 있다."[45] 그래서 틸리히는 "… 피조물이 된다는 것은 신적 생명의 창조적 기반에 뿌리박고 있으며, 자유 안에서 그 자신을 실현시킨다는 것을 의미한다. 창조는 자유와 운명을 동시에 의미하는 피조물의 자기-실현 속에서 완성된다"[46]고 하며, "인간은 실재 전체와 하나가 됨으로써 그의 유한한 자유를 실현해야 한다. … 그와 동시에 실현된 자유는 계속해서 그의 창조적 기반에 의존되어 있어야 한다. 피조물은 오직 그의 존재-자체 안에서만 비존재와 맞서 싸울 수 있기 때문이다"[47]고 덧붙였다.

넷째, 관계하는 신이다God as Related. 틸리히는 존재-자체로서의 신은 모든 관계의 근거가 되고, 비존재와 싸우며, 비존재를 정복하는 존재의 힘이라고 강조하였다. 신은 인간을 비롯한 모든 피조물과 관계를 맺으면서 모든 피조물이 비존재의 힘을 이기고 존재의 목적을 달성하도록 한다는 것이다. 신은 그의 관계성 때문에 사랑의 신이다. 그래서 틸리히는 "신비주의 신학은 … 신이 인간을 통해서 그 자신을 인식하고 사랑하고 있음을 말한다. 이 말은 신이 대상이 됨에도 불구하고 언제나 주체로 남는다는 의미이다"[48]라고 하였다. 그러면서 신적 힘은 피조물과의 관계 속에서 전능이라는 상징으로 표현되고, 전능은 다시 시간과의 관계에서 영원永遠, 공간과의 관계에서 무소부재, 존재의 주객구조 안에서 전지全知로 나타난다고 주장하였다. 그러면서 그는 영원이란 무시간성을 말하는 것이 아니라 신이 시간의 비존재성을 정복하는 것이고, 무소부재란 인간이 안전하지 못함과 공간적 실존에서 오는 불안을 받아들이는 용기를 주며, 전지란 신의 전능과 무소부재를 영적인 측면에서 나타내는 것으로서 인간에게 절대적 어둠을 물리치게 한다고 강조하였다. 신은 피조물들과 관계함으로써 모든 피조물이 존재의 목적을 성취하도록 이끈다는 것이다.

이러한 틸리히의 신론은 많은 점에서 융이 말한 자기와 유사하다. 즉 신은 존재의 기반이며, 존재의 힘으로서 끊임없이 인간을 비존재로 내모는 세력과 싸우면서 인간을 그의 목적인 영靈으로 이끄는데, 그것은 자기가 정신의 중심이고 전체성이며 목표로서 자아를 통해서 실현된 모습으로 드러나는 것과 같은 맥락인 것이다. 또한 존재하고, 살아 역사하며, 창조하고, 관계하는 신은 자아와의 관계에서 보상을 하고, 자기-조절을 하는 자기의 작용과 일치하며, 객관 정신objective psyche으로서 한 개인의 차원을 넘어서 보편적으로 작용하는 자기의 기능과 같은 것이다. 그런 의미에서 신의 이미지를 자기의 투사상이라고 했던 융의 주장은 타당성을 갖는다. 신은 인간이 본능적 충동을 극복하고 정신성을 실현시키는 과정에서 자기가 실현되는 데 기반이 되는 것이다.

그것은 자아와 자기의 관계에서 종종 발생하는 비존재 nonbeing에의 위협에서도 마찬가지이다. 즉 인간은 본질적 존재로부터 실존적 존재로 나아가는 과정에서 끊임없이 비존재의 위협을 받는데, 자아도 자기를 실현하는 과정에서 끊임없이 무의식화되어 비존재의 위협 아래 놓일 수 있는 것이다. 인간이 인간으로서 실현되는 과정에서 비존재의 위협은 커다란 장애가 되는 데 틸리히는 비존재에는 두 가지 의미가 있다고 주장하였다. 하나는 아직 존재로 되지 못한 것not yet being이고, 다른 하나는 더 이상 존재가 아닌 것no more being이다. 무의식에 있는 것들이 아직 의식화되지 못하거나, 의식이 무의식의 지배 아래 놓일 때 개성화가 불가능한 것이다. 그러므로 그리스도인이 새로운 존재New Being의 능력에 참여하여 새 사람new being이 되듯이, 자아는 자기의 힘에 참여하여 정신적 발달을 이루어야 한다.

그때 자아에게는 자기에 대한 체험이 무엇보다도 필요하다. 자아는 그의 내면에 중심이 되고, 전체가 되는 정신 요소가 있다는 사실을 깨닫고, 그 요소가 실현될 수 있도록 "주의 깊게 관찰하고, 신중하게 고려하는 태도religere"를 가져야 한다. 그래야 자아는 자기의 도움으로 성장 과정을 통해서 부정적 특성을 띠게 된 무의식의 수많은 정신요소를 통합하면서 자기−실현을 향해서 나아갈 수 있다. 그때 자기는 기독교에서 그리스도가 구원자로 작용하듯이 자아에게 구원자가 된다.

그 과정에서 신의 이미지는 사람들에게 자기의 전체상을 매개해 주면서 많은 도움을 줄 수 있다. 즉 신의 이미지는 사람들이 눈에 보이지 않는 신 또는 자기의 힘을 받는 데 결정적 역할을 하는 것이다. 인간에게 무의식적인 것은 의식화되지 않았을 경우 투사를 통해서밖에는 작용하지 않기 때문이다. 그런 의미에서 틸리히가 말한 신의 이미지 네 가지는 융이 자기의 기능과 특성으로 말한 것들과 상당히 유사하다. 한 가지 다른 점은 조직신학자로서 그가 제시한 신의 모습이 너무 완전하다는perfect 것이다. 그가 제시한 모습에서는 부정적인 요소는 하나도 없기 때문이다. 그러나 그것은 그가 신학자이기 때문에 어쩔 수 없는 것일 것이다. 그래서 융은 정신의학자로서 기독교 신학에서 제시하는 이미지보다 더 전체적인 신상神像의 필요성을 제시하였다. 왜냐하면 현대인의 영적 상황은 앞에서 말한 것처럼 궁핍해 있기 때문이다(현대인에게 필요한 새로운 신의 이미지에 대해서는 제3장에서 깊이 있게 살펴볼 것이다).

결론: 새로운 신의 이미지

융은 1944년에 출판된 『심리학과 연금술』에서, 인류가 겪은 양차대전은 거대한 규모로 끔찍한 살육이 벌어진 혐오스러운 전쟁으로 유럽인은 전쟁이 진행되는 동안 무엇엔가 홀려서 "왜 전쟁이 계속되어야 하는지?" 묻지도 않고 싸웠는데, 그것은 그 당시 유럽인의 자아가 팽창되어 있었고, 모두가 어느 정도 신이 되어 상대방을 괴멸시키려고 했기 때문이라고 주장하였다. 왜냐하면 그 당시 적이 되어 싸웠던 나라들은 모두 기독교 국가이었으며, 그들은 모두 신의 가호를 빌면서 싸웠기 때문이다. 그러나 "팽창되어 있는 의식은 언제나 자아중심적이고 오직 자신의 현재만 의식한다. 그래서 과거로부터 배우지도 못하고, 현재의 일들을 이해하지 못하며, 미래를 위해서 가치 있는 결과들을 이끌어 내지도 못한다."[49] 하지만 우리는 현대 사회에서 또 다른 의미에서 이와 비슷한 모습을 보고 있다. 현대 사회에서 많은 사람은 한편에서는 자아-의식이 팽창된inflation 채 지극히 합리적인 태도 속에서 성공과 성취에 몰두하거나, 다른 한편에서는 위축된deflation 채 신경증 속에서 고통받고, 발작적인 범죄에 빠지고 있는 것이다. 그것은 현대인이 그전까지 그들의 삶을 지탱해주던 중심적 진리와 가치를 상실하였기 때문이다. 그리고 그 원인은 현대 종교가 그것들을 매개해주는 올바른 신의 이미지를 제시해주지 못하기 때문이다.

융은 그를 찾아온 환자 가운데 적어도 1/3 이상은 임상적으로 신경증 때문이 아니라 삶의 공허와 무의미감 때문이라고 주장하였다. 그들은 외적으로는 신경증에 걸릴 만한 것이 하나도 없는데 삶이 무엇인가 불편했던 것이다. 그러나 그것은 그들만의 현상이 아니다. 그들은 앞에서 말했던 융의 환자처럼 무엇인가 그 중심에 비어 있는 것이 있었던 것이다.[50] 그 결과 그들은 삶에서 무의미성과 무료함을 느끼고 우울증 때문에 고통을 받는다. 융은 현대 사회의 모든 문제는 여기에서 비롯되고, 현대인은 그 어느 시대보다 무의미감에 시달린다고 주장하였다. 그러면서 융은 이 문제의 해결을 위해서는 종교의 역할이 무엇보다도 중요하다고 강조하였다: "그런 통합은 올바른 종교가 살아 있지 않은 한 불가능하다. … 올바른 종교들이 도그마와 의례를 통해서 올바른 사상과 활동을 담아내야 하는 것이다."[51] 현대 교회는 현대인이 무의식에서 요청하는 새로운 신의 이미지를 제공해주어야 하는 것이다. 융은 그에 대한 대안으로서 신의 이미지에 악의 원리나 여성적 원리를 덧붙인 사위일체적 이미지를 제시하였다. 그러나 기독교에서는 그 이미지에 대해서 무시하거나 부정적인 반응을 보였다. 신에게 악의 요소를 덧붙인 모습은 지고선Summum Bonum으로서의 신과 어울리지 않기 때문이다. 그러나 현대 사회에서 기독교에서 제시하는 신 이미지가 현대인에게 커다란 감흥을 주지 못하고, 신앙생활에 활력을 주지 못한다면 현대인은 새로운 이미지를 찾는 논의를 시작하며, 거기에 융의 제안도 포함시켜야 한다. 그리고 그 결정을 위해서 무의식과 상의하면서 검토하여야 한다.

제2부
『심리학과 종교』 해제

　융은 1937년 예일대학에 설치된 테리 강좌로부터 '현대 사회의 종교적 상황과 심리학의 관계에 대해서 조명을 해달라'는 요청을 받고 강연한 다음 그 원고를 보완하여 나중에 책으로 출판하였는데 그것이 『심리학과 종교』이다. 『심리학과 종교』는 세 장으로 구성되어 있다. 제1장은 '무의식의 자율성', 제2장은 '도그마와 자연적 상징', 제3장은 '자연적 상징의 역사와 심리학'이 그것이다. 1937년이면 그가 62세 되던 해로, 그의 사상이 원숙한 경지에 도달했을 무렵이다. 따라서 그는 그 강연에서 그의 종교사상은 물론 인간의 삶에서 가장 깊은 부분을 자시하고 있는 종교와 원형 및 상징의 문제에 대해서 심도 있게 진술하였다.

우리나라에서 『심리학과 종교』가 제일 처음 번역, 소개된 것은 1980년 종교학자 이은봉 교수의 이름으로 경문사에서 출판한 것이다. 그러다가 한국융연구원(원장 이부영)에서 C. G. 융 전집Gesammelte Werke 가운데 가장 기본이 되는 저작들을 묶은 것으로서 스위스 발터출판사에서 출판된 C. G. 융 기본저작집Grundwerk을 C. G. 융 저작번역위원회에서 위임받아 1998년부터 번역, 출판하던 중 2008년에 나온 제4권 『인간의 상과 신의 상』가운데 제1부에 들어 있는 것이 현재 가장 권위 있는 번역서이다. 이 책에서 융은 그의 종교론을 진술하면서 그가 치료한 환자의 꿈과 환상에 나타난 종교의 무의식적 의미를 탐구하였다. 융에 의하면 그 환자의 고통은 그 한 사람의 고통만이 아니라 세속화된 사회에서 사느라고 무의식의 깊은 곳에서 추구하는 정신의 전체성을 이루지 못하는 현대인 모두의 고통이기도 하였다. 왜냐하면 인류는 여태까지 궁극적으로 정신의 전체성을 이루면서 살아왔으며 종교는 그들에게 도움을 주었는데, 현대 사회에 와서는 목사였던 그의 아버지를 비롯한 수많은 현대인에게 별다른 도움을 주지 못하였기 때문이다. 그럼에도 불구하고 그 환자는 무의식 깊은 곳에 있는 자기self를 체험하고 전체성을 이루면서 고통에서 벗어났다. 여기에서 우리는 종교는 인간의 정신건강과 밀접한 관계를 가지고 있으며, 인간의 삶의 기반이 되고 있음을 확인하게 된다. 종교에서 말하는 신은 사람들이 내적 분열 상태에 빠졌을 때 대립되는 요소들을 통합하게 하는 최고의 가치가 되며, 그것은 심리학적으로 자기와 밀접한 관계에 있기 때문이다.

앞으로 우리는 『인간의 상과 신의 상』 제1부에 있는 『심리학과 종교』를 중심으로 해서 융의 종교론과 그 환자의 사례를 더 깊이 있게 살펴보려고 한다. 그 순서는 융이 나누었던 대로, 먼저 종교에 대한 이론적 고찰을 살펴보고 그다음에 그 환자의 꿈과 환상에 대한 심리학적 의미를 살펴볼 것이다.

무의식의 자율성과 종교

1) 종교에 대한 융의 태도

융은 『심리학과 종교』 제1장에서 '무의식의 자율성과 종교'라는 제목으로 종교와 무의식의 관계를 다루었다. 이때 그가 말하는 것은 종교는 무의식의 자율적 기능에서 나온 것으로서 인간은 본질적으로 '종교적 인간'이라는 사실이 다. 왜냐하면 집단무의식에 있는 콤플렉스는 인간에게 수 많은 귀령현상과 심리적 실재를 통하여 인간을 종교적으로 만들기 때문이다. 사실 프로이트와 함께 정신분석학을 창 시한 스위스의 분석심리학자 칼 융은 평생 동안 종교적인 문제에 많은 관심을 가지고 있었으며 종교적인 주제를 다 룬 저술도 많았다. 그래서 융이 프로이트와 결별한 다음 그 의 독자적인 사상을 분석심리학이라는 이름으로 개진하자 프로이트학파 정신분석가 가운데서는 그의 심리학이 너무 신비주의적이라고 비판하는 사람들도 많았다. 그러나 종 교에 대한 그의 태도는 언제나 변함이 없었다. 왜냐하면 그 는 인간에게 있어서 종교는 자율성을 가진 무의식의 독자 적인 현상이며, 그가 인간 정신의 목표라고 생각한 개성화 과정은 인간의 내면에 있는 신적 요소라고 할 수 있는 자기 Self의 실현에 있다고 생각하였기 때문이다. 그렇게 되면 심 리학과 종교는 서로 다른 길을 가는 것 같지만, 사실 같은 목표를 가지고 있다고 생각할 수 있다.

이러한 그의 생각은 정신과 의사로서의 그의 삶을 크게 세 가지 단계로 나누게 하였다. 처음 그는 정신과의사로 출발할 무렵 단어연상 검사를 통해서 사람들에게 "감정적으로 고조된 콤플렉스feeling toned complex"가 정신질환의 중요한 요인이 된다는 사실을 발견하면서 정신치료에 몰두하였고 (제1기), 1913년 프로이트와 헤어진 다음 그의 독자적 이론을 모색하면서 기독교는 물론 미트라 종교와 영지주의 문헌 등에 나타난 종교적 제의와 인간의 심리에 관해서 고찰하였으며(제2기), 1928년 리처드 빌헬름으로부터 『태을금화종지』해제에 대한 부탁을 받고 중국 연금술에 대해서 연구하다가 연금술이 단순히 물질로서의 금을 만들려는 것이 아니라 정신의 금인 인격의 완성을 추구했던 작업이라는 사실을 확인하면서 연금술과 정신의 발달의 관계에 대해서 연구하였다(제3기). 그 결과 그는 정신치료, 종교수행, 연금술 등은 서로 다른 분야에서 서로 다른 방법과 언어로 각각의 관심사를 추구하지만, 그것들은 결국 인간의 정신을 발달시키려는 인류의 보편적 추구였음을 확신하였다.[52]

하지만 종교에 대한 그의 태도는 언제나 조심스러웠다. 왜냐하면 많은 사람은 종교학자나 신학자가 아닌 정신과 의사가 종교에 대해서 언급하는 것에 대해서 비판적으로 보았기 때문이다. 그래서 그는 '왜 심리학자가 종교의 문제에 대해서 다루느냐?'고 하거나 '신과 종교에 대한 그의 명확한 태도가 무엇이냐?'는 물음 앞에서 종교적인 문제에 대한 그의 태도는 형이상학적인 것이 아니라 현상학적이고 경험적인 것인 것이며, 종교는 인간 영혼의 가장 오래되고 보편적인 표명들 가운데 하나로서 인간의 정신에 심대한 영향을 미치기 때문에 심리학적으로 충분히 다룰 수 있다고 답변하였다. 그런 관점에서 그는 신학자나 철학자들처럼 신의 존재나 본성, 작용 등에 관해서 연구하기보다는 사람들이 신으로 느끼고 체험하는 현상은 어떤 것이고, 그것이 사람들에게 어떤 영향을 미치는지에 관해서 탐구하였다: "종교현상은 매우 중요한 심리학적 측면을 가지고 있는 만큼 나는 이 주제를 순전히 경험론적 관점에서 다룬다. … 나는 의사이며 신경–정신질환 전문의이기 때문에 나의 출발점은 어떤 신앙고백이 아니고 종교적 인간homo religiosus, 즉 자신과 자신의 일반 상태에 영향을 주는 어떤 요소들을 주의 깊게 살피는 인간의 심리학이다."[53] 이러한 그의 접근은 사람들에게 전혀 새로운 시각과 깊이를 보여준다. 사람들이 '이미 거기 있는 종교religion déjà là'[54]에서 벗어나 신과 신앙에 대해서 근본적으로 다시 고찰하게 하기 때문이다. '이미 거기 있는 종교'가 사람들을 맹목적이고 원시적인 신앙에 머무르게 하는 데 반해서, 종교에 대한 심리학적 고찰은 종교에 대한 근본적인 질문을 하게 하는 것이다.

그런 입장에서 융은 종교적인 주제를 다룰 때는 다음 세 가지 것을 명확하게 구분해야 한다고 주장하였다.

첫째로 그는 신God과 신의 이미지image of God를 나누어서 생각하였다. 융에 의하면 신은 그가 가진 강력한 힘 때문에 한 사람을 사로잡고, 그 존재를 온통 뒤흔들 수 있는 어떤 요인이다: "(사람들은) … 정신 안에 있는 그야말로 가장 강력한 것을 신이라고 불렀다. … 언제 어디서나 정신적 힘을 지닌 것은 신과 같은 것으로 불린다."[55] 신은 무한자로서 인간의 유한한 이성 안에 다 담을 수 없는 역동적 요인인 것이다. 그래서 사람늘은 신에 내해시 도져히 다 알 수 없고,

다만 그가 신은 어떤 존재라고 생각하는 신의 이미지를 토대로 해서 신앙생활을 한다. 신은 절대자絶對者로서 인간이 도저히 다 알 수 없고, 다가갈 수 없는 존재라서 사람들은 신과 상대相對할 수 있도록 자기 나름대로 신의 상像을 그리면서 신과 관계를 맺는다는 것이다. 그때 사람들이 신은 어떻다고 그리는 이미지는 신 자체가 아니라 사람들이 신은 어떻다고 생각하는 이미지이다. 융의 이러한 사상은 중세의 신비가인 에크하르트의 생각과 비슷한 것인데, 융은 에크하르트의 그런 구분은 인류의 정신사에서 커다란 진전이 이루어진 것이라고 하였다. 왜냐하면 그런 생각은 신을 본질적인 부분과 체험할 수 있는 부분으로 나누어서 생각한 것이기 때문이다.[56]

그때 인간이 신으로 그리는 전거典據는 심리학적으로 자기Self가 된다. 자기는 정의定義상 인간의 정신요소 가운데서 가장 강력하고, 온전한 요소이기 때문이다. 그런데 자기의 투사를 받는 대상은 신뿐만 아니라 신처럼 한 사람을 휘어잡고 뒤흔드는 강력한 것이면 모두 될 수 있으며, 그때 그것은 그에게 신적인 것이 된다. 그래서 어떤 사람에게는 예술이 신이 될 수 있고, 다른 사람에게는 역사가 신이 될 수 있다. 또한 어떤 주의ism가 신인 사람도 있다: "이 동적인 요소들은 '여러 가지 힘'이라고 볼 수 있는데, 정령, 귀령, 제신, 법, 이념, 이상 또는 그것을 무엇이라고 부르든, 인간이 그의 세계에서 강력하며 위험하거나 큰 도움을 주는 것으로 경험하여 그들에게 주의 깊은 고려를 하도록 한 것들, 혹은 위대하고 아름다우며 깊은 의미를 가지고 있어 그것을 경건하게 숭배하거나 사랑하게 되는 그런 요소들이다."[57]

그런데 신의 이미지는 한 사람이 세계관과 생활 태도를 형성하는 데 결정적인 역할을 하기 때문에 사람들에게 중요한 영향을 미친다. 신은 모든 사람에게 존재와 생명의 원천이므로 그가 생각하는 궁극적 가치의 기반이 되는 것이다. 따라서 어떤 사람이 올바른 신의 이미지를 가지고 살면 그는 신과 올바른 관계를 맺으면서 조화로운 삶을 살지만, 그렇지 않은 경우 잘못된 가치관을 가지고 살거나 신과 올바른 관계를 맺지 못해서 고통을 받는다. 우리는 그러한 모습을 잘못된 종교에 빠진 사람들에게서 많이 찾아볼 수 있다. 그들은 잘못된 신의 이미시 때문에 질못된 세게관에 빠져서 고통을 당하는 것이다. 그런 생각에서 융은 현대인이 겪는 영적 공허는 현대인이 현대 기독교가 제시하는 신의 이미지를 토대로 살아계신 신과 올바른 관계를 맺지 못하기 때문이라고 주장하였다.

둘째로 융은 본래적인 종교체험과 도그마dogma 및 제의rite를 구분하였다. 융은 인간의 신에 대한 체험은 오토가 말한 신성력numen,[58] 즉 어마어마하고 매혹적인 신비에 대한 근원적이고 역동적인 체험이라고 주장하였다. 그러나 도그마는 그 체험을 교의敎義의 형태로 사상 체계 속에 고정시킨 것이고, 제의rite는 그 체험을 다시 불러일으키게 하려고 만든 행동체계이다. 도그마와 제의는 사람들이 비합리적인 특성을 가진 누멘을 체험한 다음에 그것을 합리적으로 표현하고 체험하게 하려는 이차적 산물産物인 것이다.

그런데 융은 도그마와 제의는 사람들에게 매우 중요하다고 주장하였다. 그것들이 사람들에게 신에 대해서 알 수 있게 하고, 신을 체험하게 해주기 때문이다. 더구나 도그마와 제의는 사람들이 누멘 자체에 다가갈 때 발생할 수 있는 위험을 방지하게 해준다. 누멘에는 강력한 에너지가 담겨 있어서 사람들이 섣불리 다가갈 때 전기에 감전된 것 같은 위험에 처할 수 있는데 도그마와 제의 덕분에 신적인 것에 안전하게 다가갈 수 있기 때문이다. 그러나 도그마와 제의는 체험 자체가 아니라 이차적인 것이라는 점에서 한계가 있다. 그것들은 처음 확립되었던 시점의 사회, 문화적 환경이 변하고, 인지가 발달할 때 재해석되지 않으면 경직되고 화석화되는 것이다. 세계의 종교들이 시간이 지남에 따라서 영향력이 약화되는 것은 그 때문일 것이다.[59]

셋째로 융은 종교religion와 고백 또는 종파confession를 구분하였다. 융에게 있어서 종파는 같은 신조creed를 고백하고 같은 도그마와 의례를 공유하는 신앙 공동체를 말하고, 종교는 종파보다 더 근원적인 것이다. 즉 종파는 기독교 안에서 감리교, 장로교라고 부르거나, 더 큰 범위에서 기독교, 불교라고 부르는 집단을 말하지만, 종교는 인간 정신의 특수한 태도로서 한 사람이 신적인 것을 체험한 다음 변화된 태도를 말하는 것이다. 사람들은 신적인 것을 체험한 다음에는 그전과 전혀 다른 태도를 가질 수밖에 없기 때문이다. 그들이 강력한 에너지를 가진 신적인 것을 체험했기 때문에 그들은 그것이 언제, 어떻게 또 다시 나타날지 주의 깊게 살피면서 신중한 태도를 취할 수밖에 없는 것이다. 그 강력한 실체 앞에서 두려움과 떨림의 자세로 완전히 수동적인 태도로 살게 되는 것이다. 우리는 그런 태도를 신의 강력한 힘을 체험한 다음의 욥에게서 잘 볼 수 있다. 그는 그전까지 친구들 앞에서 자신의 정당성을 주장했지만 신을 체험한 다음에는 손으로 입을 가릴 수밖에 없었던 것이다. 그전까지 취했던 꼿꼿했던 태도가 사라지고, 이제는 신적인 존재의 처분만 기다리는 존재로 변했던 것이다. 융은 그런 태도가 종교라고 주장하였다: "종교란 렐리게레religere 라는 라틴어가 말해주듯, 루돌프 오토가 적절하게도 누미노줌이라고 부른 것, 즉 어떤 역동적인 존재나 작용에 대한 주의 깊고 성실한 관찰이다. … 그 작용은 인간 주체를 사로잡고 지배하며, 인간 주체는 언제나 그것을 만든 자이기보다 오히려 그 희생자인 것이다."[60]

2) 콤플렉스와 종교

종교에 대한 융의 견해를 이해하려면 심리적 실재psychic

reality와 콤플렉스라는 개념에 대한 이해가 필요하다. 먼저 심리적 실재란 한 사람이 어떤 것의 물리적 실재 여부와 관계없이 그것이 존재한다고 믿으면 그것이 물리적 실재 physical reality와 똑같이 사람들에게 영향을 미치는 것을 말한다. 예를 들어서 말하자면, 어떤 사람이 암에 걸렸다고 생각하면 그가 실제로 암에 걸렸는지와 상관없이 자기가 '암에 걸렸다'는 생각에서 벗어나지 못하고, 경우에 따라서는 그와 관계되는 신체적 증상까지 생기게 된다. 그것은 어떤 사람이 눈에 보이지 않지만 어떤 알 수 없는 힘을 가진 것이 존재한다고 믿으면 귀신이나 신령들을 만날 수 있거나, 성황당에 있는 신목神木을 훼손하면 벌을 받는다고 믿는 사람이 어쩌다 실수로 그 나무를 훼손하였을 경우 팔이 마비되고, 병에 걸릴 수 있는 것과 같은 맥락이다. 사람들은 그들이 그렇다고 믿거나 생각하는 내용의 지배를 받는 것이다. 눈앞에 실제로 존재하는 물리적 실재가 사람들에게 영향을 미치듯이 심리적 실재 역시 영향을 미치는 것이다. 그래서 사람들은 신의 실재 여부와 상관없이 신앙생활을 할 수 있고, 실제로 신을 체험할 수 있는 것이다. 신은 그에게 실재하기 때문이다.

융은 그런 현상들이 생길 수 있는 것을 콤플렉스라는 개념으로 설명하였다. 우선 콤플렉스란 인간의 정신을 구성하는 관념-정감의 복합요소ideo-affective factor인데, 사람들에게 어머니, 아버지, 권력 등 어떤 관념과 관계되는 내용이 하나의 핵을 형성하고, 그와 관계되는 것들이 그 핵을 중심으로 모여서 사람들로 하여금 그 관념과 관계되는 것을 파악하고, 반응하게 하는 정신 요소인 것이다. 따라서 콤플렉스는 한 사람의 정신이 이렇게 저렇게 작용하게 하는 기본 요소가 된다. 하지만 콤플렉스가 처음 형성될 때 충격적인 일이 있었거나 그 관념과 관계되는 내용에 에너지가 많이 담겨 있을 경우 콤플렉스는 그 사람에게 "감정적으로 고조된 반응"을 나타내게 한다. 모성 콤플렉스나 열등 콤플렉스가 있는 사람이 그것을 자극하는 상황에 부딪히면 심한 정서적 반응을 일으키는 것이다. 콤플렉스는 살아 있는 하나의 실체로서 높은 정도의 자율성을 띠고 있기 때문이다.[61] 그래서 융은 암 관념에 사로잡힌 사람이나 귀신에 대한 생각은 그가 그런 생각을 하려고 하지 않는데 자기도 모르게 떠오르며, 사람들은 그것들에 사로잡히게 된다고 하였다: "우리의 환자는 그가 그 자신의 병적 환상을 만들어낸 장본인이 아님을 잘 알고 있다. … 그 관념은 자율적인 구성물로 의식의 영역으로 침입해 들어온 것이다."[62] 그것은 사람들의 종교적 반응에서도 마찬가지다. 여러 가지 형태로 나타나는 종교현상 역시 그 사람이 살아왔던 삶의 궤적에 따라서 신, 귀신, 구원자 등 원형적 관념을 중심으로 해서 콤플렉스를 만들게 하여 그에 해당되는 상황에서 이렇게 저렇게 작용하게 하는 것이다: "부분 인격과 콤플렉스 사이에는 아무런 차이도 없다. … 이러한 상은 … 비교적 높은 수준의 자율성을 지니고 있다. 말하자면 의식적 계획의 지배를 거의 받지 않으며 마치 의식의 영역에서 하나의 살아 있는 이물체corpus alienum처럼 존재한다."[63]

융은 고대 사회에서 귀령현상이라고 말했던 것들, 즉 "귀신 들렸다"고 하는 것들 가운데서 어떤 것들은 콤플렉스의 작용으로 설명할 수 있다고 주장하였다. 왜냐하면 강박신경증에 걸린 사람들의 강박적 사고와 행동은 무의식에 대한 개념을 알지 못했던 고대인에게는 어떤 귀신이 그 사람을 사로잡고 그런 행동을 하게 하는 것으로 여겨질 수 있기 때문이다. 그때 그 사람을 사로잡는 귀신은 심리학 용어로 '감정적으로 고조된 콤플렉스'이다. 즉 강박적 사고와 망상은 어떤 사람의 목덜미를 움켜쥔 귀신처럼 집요하게 그를 괴롭히는 것이다. 강박신경증보다 더 심한 경우로서 기괴한 환시나 환청을 경험하는 환자의 경우도 마찬가지다. 그들을 괴롭히는 것들 역시 원형적 콤플렉스인데, 고대인은 그것을 귀신이라고 불렀던 것이다. 그래서 벨기에의 정신분석학자 앙투안 베르고트는 고대 사회에서 귀신들렸다고 하는 것과 현대 정신분석학에서 무의식에 사로잡혔다고 하는 것은 똑같이 어떤 강력한 실체의 존재를 전제한다고 주장하였다. 거기에 대해서 융은 다음과 같이 말하였다: "이러한 현대적인 개념이 중세에는 다른 이름을 가지고 있었다. 그 당시는 이것을 빙의憑依라고 불렀던 것이다. 사람들은 이러한 상태를 꽤 해로운 것으로 여긴다. 하지만 그것은 콤플렉스에 의한 실언失言과 빙의된 사람의 심한 신성모독적 발언 사이에는 원칙적으로 아무런 차이가 없다."[64]

그러나 융은 만년에 가서는 생각을 조금 바꾸어서 모든

신적 현상을 심리적 현상으로만 간주해서는 안 된다고 주장하였다. 초자연적인 정신적 실재에 관해서도 부정하지 않았던 것이다: "솔직히 말해서 나는 지금 문제가 되어 있는 현상(귀령현상)을 오직 심리학적 방법과 고찰만으로 파악하는 것이 옳은가에 대하여 자주 회의를 품는다. 이상심리학에서 확인한 것들뿐 아니라 1946년에 내가 에라노스 학회에서 그 개요를 발표한 내 자신의 이론적 고찰에 의거하여 원자물리학적 관념, 즉 시공時空의 연속성에 관련한 가정을 가지게 되었다. 이로써 정신의 밑바닥에 직접 존재하는 초정신적 현실의 문제가 제기되었다."[65] 즉 귀령현상들 가운데는 콤플렉스의 작용으로 설명될 수 있는 것들도 있지만, 그것이 실제로 일어날 수도 있다고 주장한 것이다. 종교현상들 가운데는 사람들이 심리적인 것들을 착각illusion한 경우도 있지만, 실제로 초월적인 것들이 드러나는 경우도 있을 수 있다는 것이다. 융의 그러한 생각은 그가 나중에 원형을 순전히 심리적인 것만이 아니라 실체적인 것이라는 생각에서 정신양精神樣이라고 부른 점에서도 드러난다. 원형적 현상은 사람들에게 심리석으로 일어나는 것일 뿐만 아니라 물리적으로 일어나는 것일 수도 있기 때문이다. 이렇게 될 경우 융에게서 종교현상들은 단순히 심리적 현상에 그치지 않고 실제적 현상으로 되게 된다: "정신양은 … 목표지향적이며 기억력에 따르고, 생을 유지하려고 노력하는 중추신경의 기능을 포함한 모든 신체적 기능의 합이다."[66]

3) 정신의 발달과 종교

융은 인간 정신의 발달과 종교는 밀접한 관계에 있으며, 그 과정에서 의식화는 중요한 작용을 한다고 주장하였다. 사실 인간에게서 의식은 비교적 나중에 발달한 부분이다. 인간은 처음 태어났을 때 무의식적인 상태에서 살다가 의식이 발달하면서 자아가 형성되고, 자아가 의식의 중심이 되어 환경에 적응하고 무의식에 있는 정신요소들을 의식화하면서 더 발달하게 되는 것이다: "문화발전의 비밀은 정신적 에너지의 민첩성과 이동능력이다. 우리 시대의 목표 지향적 사고는 어쨌든 옛날에는 없던 현대의 산물이다."[67] 현대인은 하나의 생각에 에너지를 집중시킬 수 있고, 의지의 작용으로 그 생각을 실현시킬 수도 있다. 그러나 원시인은 하나의 생각에 오랫동안 집중할 수 없었으며 의지력도 현대인에 비해서 상당히 취약하였다. 아마존 밀림에서 원주민과 함께 살면서 그들에 대해서 연구했던 언어학자 D. 에버렛은 그곳에 사는 현대의 원시인은 "말하는 그 순간에 닻을 내리는 진술만 하며", 한 가지 생각에 집중할 수 있는 시간도 지극히 짧다고 주장하였다. 그들에게서 의식은 무의식으로부터 많이 분화되지 않았고, 목표 지향적이고 논리적인 사고는 발달하지 않았던 것이다.[68] 그래서 원시인은 중요한 일을 할 때면 성대한 종교적 제의를 하면서 그들이 하려는 일에 정신에너지를 집중시켜서 그것을 더 의식화하려고 하였다. 그렇게 하지 않으면 그 생각들은 곧 다른 무의식적인 내용들에 휩쓸려 가기 때문이다. 그것은 어린아이가 한 가지 일에 오래 집중하지 못하는 것과 같은 현상이다. 그래서 원시사회일수록 그들의 삶과 종교는 밀접한 관계 속에서 이루어졌다.

원시인은 그들의 의식이 취약하기 때문에 의식이 약화되거나 영혼의 일부가 무의식화되는 영혼의 상실loss of soul을 커다란 재앙으로 생각하였다. 무의식이 지배적으로 된

때 무의식에 있는 부정적인 것들이 드러나 많은 것을 파괴하기 때문이다: "그것(영혼의 상실)은 영혼의 일부가 무의식화되는 경우를 말한다. … 그것은 크든 작든 온전한 황홀상태이며, 여기에는 무서운 파괴적인 사회적 영향이 동반되는 경우가 흔하다."[69] 원시인은 이러한 영혼의 위험peril of soul을 방지하기 위하여 여러 가지 의례와 금기를 만들었다. 그래서 융은 "원시인들의 생활은 언제나 어딘가에 숨어서 빈틈을 노리고 있는 정신적 위험의 가능성에 관한 끊임없는 배려로 가득 차 있고, 그 위험을 완화시키려는 시도는 수없이 많다"[70]고 하였다. 원시인에게 부적talisman, 호부fetish, 금기taboo들이 그렇게 많았던 것은 그 때문이다. 그러나 현대인에게는 의식이 발달하자 그럴 필요가 적어져서 현대인은 종교적인 것에서 상당히 멀어지게 되었다. 문명의 발달은 무의식을 의식화하는 방향으로 나아갔고, 그 과정에서 종교는 커다란 역할을 했던 것이다.

종교학적인 관점에서 볼 때 신의 뜻을 의식화하는 데는 두 가지 방식이 있다. 하나는 한 사람이 의식이 명료한 상태에서 신의 뜻을 깨닫고 그 신의 속성을 실현시키려는 경우이고, 다른 하나는 한 사람이 엑스터시 상태에서 신적 실체를 체험한 다음 그의 속성을 실현시키려는 경우이다. 전자가 부성적 특성이 짙은 종교의 예언자들이 하려고 했던 것이라면, 후자는 모성적 특성이 짙은 종교의 신비가들이 하려고 했던 것이다.[71] 그런데 후자의 경우에서는 무의식의 내용이 미분화된 상태에서 분출되어 정신적 위험에 봉착할 수도 있다. 그래서 융은 "만약 의식이 무의식에서 침범한 내용을 수용하고 통합할 능력이 없다면 무의식의 침입은 의식에 실제적인 위험이 된다"[72]고 그 위험성을 지적하였다. 그런데 현대 사회에서 어떤 이념에 사로잡힌 사람들에게 이념ideology은 고대 종교의 신spirit처럼 되는 경우가 많다. 그들에게서 이념은 신이 되어서 그들의 이성을 사로잡고 맹목적 숭배를 강요하는 것이다. 그래서 사람들은 더욱 더 의식화되어 무의식의 미분화된 충동에 사로잡히지 않고, 전체적인 인격을 형성하여야 한다.

한편 융은 인간에게서 정신성을 이루려는 충동은 동물적 충동 못지않게 강력하다고 주장하였다. 인간은 동물적 충동을 극복하고 정신적 가치를 향해서 나아가려고 한다는 것이다. 그 과정에서 종교는 인간에게 커다란 도움을 주었다. 종교는 여러 가지 제의를 통하여 인간으로 하여금 동물적 충동에 굴복하지 않고 정신성을 이루게 하는 방향으로 나아가게 하였던 것이다. 융은 많은 종교에서 행해지는 동물의 희생제의도 사실은 동물적 충동을 희생시키려는 상징적 행위였다고 해독하였다. 사람들은 제의를 통해서 동물을 희생시키면서 그들의 내면에 있는 동물적 충동이 희생되는 것을 무의식적으로 체험하려고 했다는 것이다. 그래서 그들은 희생제의를 한 다음 훨씬 더 정화된 삶을 살 수 있었다: "인류는 자유방종한 상태에서는 편하지 못했기 때문이다. 기독교와 미트라스교, 이 제식들의 의미는 분명하다. 즉 동물적 충동을 도덕적으로 제어하는 것이다."[73]

융은 동물적 충동을 희생시키면서 더 높은 정신성을 이루려는 시도는 그리스도의 희생에서 절정에 도달하였다고 주장하였다. 예수 그리스도는 그 자신을 희생시키면서 현실의 욕망에서 벗어나지 못하는 사람들에게 새로운 차원의 삶을 제시하였다는 것이다: "이러한 중요한 변환은 십자가에 달린 신의 상에서 비로소 완성된다. … 이 위대한 용기와 최고의 버림의 행동으로 동물적 본성은 극도로 강력하게 억압되었고, 그로 인해 인류 최대의 안녕을 바라게 되었다."[74] 융은 로마제국의 변방에서 탄생한 기독교가 그렇게 짧은 시간 안에 로마제국 전체에 강력한 영향력을 행사하게 된 이유는 거기에 있었다고 주장하였다. 고대 로마제국 사람들은 그들이 무의식에서 암중모색하던 가치를 예수 그리스도가 십자가 위에서 실현한 것을 보고 그를 메시아로 받아들였다는 것이다. 그에 의하면 그 시대 사람들은 동물적 본능과 정신적 본능 사이에서 치열한 투쟁을 전개하였다. 그것은 한편으로는 그 당시 스토아 학파, 에피쿠로스 학파 사람들이 인간을 진정으로 인간답게 하는 것은 무엇인가 하면서 고뇌하였던 것으로 나타났고, 다른 한편으로는 그들이 사람을 맹수와 싸우게 하거나 다른 사람과 싸우게 하면서 죽이는 경기를 벌였던 것에서 나타났다. 고대인은 그들의 내면에서 싸우는 두 충동을 통합하지 못하고 고통을 당했는데, 예수 그리스도는 두 가지 본능을 그보다 더 높은 차원에서 통합시켰고, 고대인에게 새로운 차원의 삶의 길을 열어주었다는 것이다: "기독교가 이떠한 심리학적 또는 풍속사적 조건에서 생겨났는지를 고려한다면, 다시 말해 극도의 야만성이 다반사였던 시대에 생겨난 점을 생각한다면, 우리는 전 인격을 사로잡은 종교적 감동과 엄청나게 쇄도하는 악으로부터 로마 문화 속의 인간들을 보호했던 종교적 가치를 이해하게 된다."[75]

4) 세속화된 교회와 융의 환자

그러나 현대 사회에서 기독교는 현대인에게 그 영향력을 많이 잃어버린 듯하다. 기독교는 현대인이 실제적인 삶에서 경험하는 악과 내면적 악을 통합하게 하지 못하는 경우가 많은 것이다. 그래서 현대인은 갈등이 깊을 때 옛날처럼 신앙의 도움을 받지 못하고, 사제를 찾아가기보다는 세속의 정신치료자들을 찾아간다. 융은 그 원인을 기독교가 제시하는 신의 이미지의 결함에 있다고 생각하였다.[76] 중세 시대까지 기독교에서 제시한 신의 이미지는 사람들에게 악을 통합하게 하면서 '그리스도를 본받는 삶'을 살게 하였지만, 의식화가 많이 이루어진 현대인에게는 더 이상 의미를 주지 못한다는 것이다. 고대 시대에 역사했던 '신의 이미지'가 더 이상 역사하지 못하여 현대인은 고통받는 것이다. 융은 예일대학에서 행한 『심리학과 종교』에서 그가 진료했던 환자의 꿈들을 소개하면서 현대인의 이와 같은 정신적 상태를 잘 보여주고 있다고 주장하였다. 그가 소개한 환자는 뛰어난 지능을 가진 지식인이었는데, 신경증으로 고통을 받다가 융의 진료실에 찾아왔다. 그 환자는 융에게 분석을 받는 동안 400개 정도의 꿈을 꾸었는데 그가 꾼 꿈 가운데는 '원숭이를 재건하는 꿈'이 있다. 융은 그 환자가 지적인 태도를 중요시하느라고 소홀히 한 본능적 인격이 꿈속에서 원숭이로 나타난 것이라고 하면서 그 부분을 재건하여야 한다고 강조하였다. 원숭이는 동물로서 영리하기는 하지만 감정 영역은 발달되어 있지 않다. 그래서 그의 꿈에 나온 원숭이는 그가 지적인 태도만 일방적으로 사용하여 지적으로는 발달되어 있지만 감정 부분은 동물적인 수준으로 떨어진 것을 보여준다고 해석하였다. 그래서 지적인 부분과 감정적인 부분을 재통합해서 변화되어야 하는 것을 그 스스로 촉구하는 꿈이라고 하였다. 이 꿈을 꾼 다음 얼마 지난 후에 그는 다음과 같은 중요한 꿈을 꾸었다.

그는 극장 같은 곳에 있는데 벽에는 버나드 쇼가 공연될 것
이라는 포스터가 붙어 있다. 옆을 보니 무대 벽에는 '이것
은 가톨릭교회다. 주님의 교회다. 주님의 도구라고 느끼는
사람은 들어와도 좋다'라고 써 있다. 그는 개신교도인 친구
와 대화하는데, 교회 벽에는 '주님은 언어를 통해서 도달할
수 없는 존재다'는 내용의 교황 명의의 격문이 붙여 있다. 그
는 교회에 들어가는데, 내부는 이슬람교당 같이 생겼다. 그
때 어떤 여자가 "이젠 아무 방도가 없네요"라고 울면서 말하
고 사라졌다. 그 후 어떤 목소리가 "우리는 주님의 권능 앞
에 있음을 고백합니다. 하늘나라가 우리 안에 있습니다"고
말했다. 이어서 합창이 시작되고, 합창을 마치자 화합의 유
쾌한 부분이 학생 축제 식으로 시작되었다. 사람들은 교회
가 번창하기를 원하고, 공동체의 성원이 늘어난 것을 축하
하기 위해 대중가요가 나오고, 한 사제가 그에게 "이와 같은
부차적인 유흥은 공식적으로 인정되고 허용됩니다. … 우
리가 현재 가지고 있는 대중 경영에서는 그것이 불가피합니

다. … 우리는 금욕주의에 대하여 분명한 반대 입장에 서 있습니다"고 말했다.[77]

융은 이 꿈의 첫 부분은 가톨릭교회에 대한 옹호를 위한 논증이고, 두 번째 부분은 교회가 세속적인 관점에 순응함 보여주며, 마지막은 반금욕적 경향을 지지하는 논증을 나타낸다고 하면서 다음과 같이 해석하였다. 먼저 이 꿈에서 가톨릭교회가 추천되는데, 그것은 꿈의 앞부분에서 "이것은 가톨릭교회다. 주님의 교회다. 주님의 도구라고 느끼는 사람은 들어와도 좋다"는 말에서 나타난다. 그러나 그와 동시에 기독교의 입장과 다른 이교적 입장도 제시된다. 그것은 이 꿈에 나타난 유쾌한 축제의 분위기가 그리스, 로마적인 것이기 때문이다. 또한 이 꿈에서 하나님과 개인 사이의 직접적 관계를 추구하는 개신교적 태도는 집단적인 종교적 감정에 눌러버리고 있다. 오늘날 기독교인은 현대 사회의 세속적이고 집단적 분위기 속에서 하나님과 직접적이고 개인적인 관계를 맺지 못하고 있다는 것이다. 그런데 그것은 오늘날 실제로 유럽에서 일어나는 현상이기도 하다. 독일인들은 세계1차 대전 이래 디오니소스의 게르만 사촌인 보탄이 튀어나와서 고통을 받았고, 그다음에도 현대 사회에서 기독교가 약화되면서 무의식에 있던 이교적 태도들이 뒤섞이면서 나타나 세속성 때문에 현대인이 고통받는 것이다. 현대인은 세속적인 부분이 너무 발달해서 내적이고 영적인 부분이 억눌려 있는 것이다. 현대인의 정신건강이 문제가 되는 것은 이 두 부분 사이의 불균형 때문이다.

융은 이 꿈에서 또 하나 눈여겨보아야 할 것은 어떤 여자가 교회에 있다가 "이젠 아무 방도가 없네요"라고 말하면서 울며 사라지는 장면이라고 주장하였다. 꿈에 나타나는 이성異性의 이미지는 남성의 무의식을 인격화한 아니마인데, 아니마는 남성들의 내적 인격, 즉 영혼을 나타내는 요소이다. 남성의 내적인 상태와 감정적인 부분을 보여주는 상像인 것이다. 그런데 이 꿈에서 아니마가 울면서 사라진 것은 그의 무의식이 현재와 같은 종교적 풍조에 동의하지 않는다는 것을 의미한다. 그의 영혼은 지금 그가 영화, 라디오, 재즈, 포도주, 유쾌한 교제 등을 즐기는 이교적인 삶의 기쁨을 추구하면서 기독교적 신앙생활을 피상적으로 하자 실망하고 있다는 것이다. 그것은 교회가 극장 같았고 버나드 쇼가 공연된다는 꿈의 서두에서부터 잘 나타난다. 교회는 현대인에게서 '성스러운 공간sacred place'이 되지 못하고, 세속적인 장소로 되어버린 것이다. 그래서 내적 인격인 아니마는 사라졌다.

융은 그가 합리적이고 지적인 사람이었지만 그의 철학은 그의 신경증 앞에서 아무 도움을 주지 못했다고 하였다. 그래서 그의 무의식은 이제 삶의 막다른 골목에서 유년 시절의 종교로 돌아가서 도움을 발견하려고 하며, 꿈은 그의 세속성과 군중 본능에 의해 망가진 종교적 태도를 보여주면서 종교에 대한 새로운 태도를 촉구한다고 덧붙였다. 그런데 융은 이 꿈은 이 환자의 종교적 태도는 물론 현대 서구 사회의 기독교인의 영적 상황을 잘 보여준다고 주장하였다. 현대인은 지금 세속적인 삶 속에 빠져서 종교적 관심사가 약화되었는데, 그것은 현대인이 과거의 기독교 정신을 통합하지 못하여 신경증적 상태에서 고통받는 것을 그대로 보여주는 것이다. 신경증은 한 사람이 앓는 정신질환이지만, 그의 질병만이 아니라 그가 사는 사회 전체의 문제가 그에게서 집약되어 나타난 질병인 것이다.

도그마와 자연적 상징

1) 현대 사회와 도그마의 상징적 의미

융은 『심리학과 종교』제2장에서 '도그마와 자연적 상징'
이라는 제목으로 환자의 꿈에 나타난 끝이 네 개로 갈라진
촛불의 상징을 살펴보면서 도그마와 원형의 관계, 신경증
의 의미, 삼위적 신과 상징에 대해서 설명하였다. 먼저 그
는 기독교를 비롯한 모든 종교의 도그마는 인간의 무의식
에 있는 원형의 표현이라고 주장하였다. 현대 사회에서 기
독교 도그마의 영향력은 예전 같지 않지만, 모든 도그마는
사람들이 깊은 신적 체험을 한 결과 생긴 것들이라는 말이
다. 그에게 있어서 도그마는 만들어진 것이 아니라, 무의식
의 계시가 스스로 드러난 것이다: "도그마는 인간의 영혼을
과학적 이론보다 더 온전하게 묘사한다. 왜냐하면 과학적
이론은 단지 의식만을 설명하기 때문이다. … 이에 비해 도
그마는 무의식의 살아 있는 과정을 죄, 참회, 희생과 구원의

드라마 형식으로 적절하게 표현할 수 있다."[78] 도그마는 사람들이 삶에서 겪는 수많은 우여곡절과 고통은 물론 진정으로 추구해야 할 것들을 상징의 형태로 드러낸 것들이라는 말이다. 그래서 사람들은 현대 사회가 도래하기 전까지 기독교 도그마의 도움으로 그들의 삶에서 일어나는 여러 가지 문제를 이해하고, 필요한 경우 해결할 수도 있었다.

도그마에 이런 특성이 있기 때문에 융은 신앙을 가지고 있던 사람이 신앙을 잃어버리면 신경증에 걸리고, 그 치유를 위해서는 신앙의 회복이 필요하다고 강조하였다. 그런데 현대인의 이성, 특히 개신교의 비판정신은 도그마에서 상징의 의미를 많이 탈색시켰다. 개신교도는 그동안 기독교에 드리워 있던 신비를 많이 벗겨버리고 신 앞에 단독자로 서려고 했던 것이다. 그때 사람들은 죄의 문제를 아무런 종교적 도구 없이 혼자서 감당해야 한다. 그래서 루터나 칼뱅 등 프로테스탄트 개혁자들은 죄의 문제 때문에 치열하게 고뇌하였고, 『천로역정』을 쓴 존 번연을 비롯한 개신교 부흥사들에게서 죄의식은 매우 예민한 문제였다. 그들은 누멘(神聖力)과 그들 사이에 있던 보호막이 걷힌 상태에서 죄의 문제가 대두되어 혼자 감당하게 되자 말할 수 없는 버거움을 느꼈던 것이다: "보호벽을 무너뜨린 결과 개신교는 중요한 무의식적 요소들의 표현인 성상聖像들과 아득한 시간 이래로 예측할 수 없는 무의식의 세력들을 극복하는 확실한 길이 되어온 제의를 함께 상실하였다."[79]

그것은 현대인에게도 마찬가지다. 현대인 역시 신을 둘러싸고 있던 신비에 서서히 접근할 수 있게 했던 아우라aura가 벗겨지자 그에 따라서 나타나는 정신적인 문제들 앞에서 무방비 상태에 빠지게 된 것이다. 그래서 어떤 사람들은 그 빛을 자기가 감당하려고 신을 찾기보다는 이성理性의 힘으로 지상천국을 건설하려고 하거나, 죄를 지은 다음 죄책감에서 헤어나오지 못하고 있다: "현대인은 로마 시대 이래로 세심하게 구축하고 강화시킨 교회 방벽의 보호를 광범위하게 상실했으며, 이 손실로 말미암아 스스로 세계 파괴적, 그리고 세계창조적인 불의 지대에 다가갔다는 사실이다. … 우리의 세계는 흔들리고 있으며 불안과 공포의 물결로 가득 차 있다."[80] 종교상징들을 파괴하고, 종교성이 약화된 현대 사회에서 현대인은 그 어떤 시대에서도 경험하지 못했던 고통을 겪는 것이다. 그러나 융은 개신교도들이 그 상실을 참고 견디어낸다면 그들은 직접적인 종교체험을 할 수 있는 유일무이한 정신적 능력을 가지게 된다고도 강조하였다. 개신교 정신은 인간의 정신이 궁극적으로 발달해 가는 마지막 지점을 가리키고 있다는 것이다. 그러나 아직 인류의 정신은 종교상징 없이 누멘 앞에 서기에는 부족하고, 그것이 현대인의 가장 큰 문제이다. 위에서 말한 환자의 고통도 같은 종류의 고통이었다. 그 역시 계몽주의 이후 의식화가 많이 이루어진 다음 물질적인 것과 정신적인 것 사이에서 균형을 이루지 못하여 고통받는 것이다. 융은 앞에서 보았던 꿈과 연관되는 중요한 다음과 같은 꿈을 소개하였다.

그는 정신집중의 집에 들어갔는데 촛불이 많이 있었고, 촛불들은 끝이 네 개로 뾰족하게 된 형태로 배열되어 있었다. 문밖에는 노인 한 사람이 있었고, 문가에 있는 남자는 사람들이 그 안에 들어갔다 나오면 순수해진다고 말하였다. 그리고 어떤 목소리가 들렸는데 그 내용은 "네가 하는 일은 위험하다. 종교는 여성의 상을 피하기 위하여 지불해야 하는 세금이 아니다. 여성의 상을 다른 삶의 측면으로 대치하려는 사람들은 저주 받을 것이다. 삶의 충만함에서 너는 너의 종교를 태어나게 해야 한다"는 내용이었다. 그가 그 집에서 나오자 불타는 산이 보였고, 그에게는 '꺼질 수 없는 불은 거룩한 불이다'라는 느낌이 들었다.[81]

융은 이 꿈에서 보이는 정신집중의 집은 교회를 연상시킨다고 하였다. 교회에서 사람들은 신에게 정신을 집중하기 때문이다. 그 집에는 촛불이 켜져서 장엄莊嚴한 느낌이 나는데 촛불의 모양은 끝이 넷으로 갈라져 있다. 그런데 4라는 숫자는 상징적으로 특별한 의미를 지니고 있으며 특히 4는 많은 종교 의례에서 중요한 작용을 한다. 그러므로 넷으로 갈라져서 타오르는 촛불은 이 환자가 소속해 있지만 신앙이 많이 약화된 가톨릭교회의 네 첨탑을 연상시킨다. 가톨릭교회의 상징인 것이다. 이 이미지와 연결되는 것은 맨 마지막에 나오는 '꺼질 수 없는 불'이다. 그것은 신격의 특징으로서 종교의 원천에는 생명과 충만이 있음을 나타내며, 나중에 나오는 불타는 산과 연결된다. 장엄한 촛불–꺼질 수 없는 불–불타는 산은 서로 연결이 되면서 그의 마음속에서 타오르는 어떤 원형적인 것을 나타내는 것이다. 그는 정신 집중의 집에 들어가서 노인을 만났는데, 그 노인은 그에게 그 제례는 정화淨化 의식이라고 말한다. 그의 내면에서 지금 정화가 이루어지고 있다는 것이다.

　꿈꾼 이는 꿈에서 목소리를 자주 들었는데, 그것들은 권위적인 설명을 하거나 중요한 것을 암시하는 명령을 내리곤 하였다. 무의식의 결정적 대변자였던 것이다. 그는 이 목소리를 통해서 "종교를 여성상의 대치물로 이용하지 말라"는 소리를 들었는데, 처음에는 그 의미를 이해하지 못하였다. 그러나 그 뜻은 그가 "무의식의 요청을 듣지 않으려고 종교를 이용하지 말라"는 것이었다. 그가 그의 감정적 요구, 즉 결혼, 사랑, 헌신, 영혼의 요구 등을 피하려고 교회 생활을 이용하지 말라는 것이었다. 왜냐하면 많은 사람은 감정적 에너지가 많이 요구되는 일들을 회피하기 위해서 교회 핑계를 대기 때문이다. 그러나 그는 이제 그래서는 안 된다. 그의 무의식이 밀하는 것을 진지하게 고려하고,

종교를 진지하게 받아들여야 하는 것이다. 그런 의미에서 볼 때, 신경증에는 부정적인 측면만 있는 것이 아니라고 융은 강조하였다. 신경증은 사람들이 그들의 삶에 충실하지 않거나, 정신적 균형이 깨졌을 때 진정한 삶을 살라는 경보 alarm이기 때문이다.

융은 교육받은 사람들의 인격은 대개 이 환자처럼 조각나 있다고 진단하였다. 그들은 삶을 진정한 모습으로 살기보다 수많은 대체 수단을 사용하기 때문이다. 그럴 경우 무의식은 정신의 온전성을 이루기 위해서 신호를 보내는데, 신경증을 비롯한 여러 가지 증상들이 그것이다. 무의식은 의식보다 훨씬 더 크고 전체적인 부분이 있기 때문에 의식과 무의식 사이에 균형이 깨어졌을 때 이런 경보들을 보내는 것이다. 그러나 현대인은 무의식의 깊은 곳에서 요청하는 영혼의 소리를 듣지 못하고 합리적인 대체물들로 그 요청을 달래가면서 세상을 산다. 처음부터 불가능한 삶을 살고 있는 것이다. 그러나 융은 그런 삶은 처음부터 병적인 것이라고 주장하였다: "… 나는 어떤 심적 내용들은 의식보다도 더 온전한 정신에서 유래한다는 사실을 항상 거듭 확인해 왔다. 그 내용들은 흔히 그때그때의 의식이 결코 만들어낼 수 없었던 우월한 분석, 통찰 혹은 앎을 포함하고 있다. 직관이라는 말은 그런 현상에 알맞은 말이다."[82]

2) 사위성과 전체성의 상징

융은 이 환자의 꿈에 나타나는 4와 관계되는 이미지에 주목하였다. 왜냐하면 네 갈래로 갈라진 촛불의 모습은 그의 다른 꿈에서 여러 가지로 모양을 바꿔서 나타났기 때문이다. 그것들은 구분되지 않은 원, 4각의 장소나 공간, 4각, 구球, 중앙에 분수대가 있는 균형 이룬 정원, 식탁 주위에 있는 네 의자, 8개의 바퀴살을 가진 바퀴 등 400여 개의 꿈 가운데서 71회 이상 나타났다. 특이하게도 4와 관계되는 이미지는 원과 같이 나타나는 경우가 많았다. 융은 원과 4는 신격을 나타내는 상이라고 주장하면서 중세의 연금술서 『현자의 장미원』에 나오는 구절을 인용하였다: "남자와 여자로부터 둥근 원을 만들라. 거기서 한 정사각형을 추출하고, 이 정방형에서 삼각형을 추출하라. 원을 둥글게 하라. 그러면 너는 현사의 돌을 얻을 것이다."[83] 여기서 말하는 원, 사각, 현자賢者의 돌은 모두 전체성을 나타내는 자기의 상징이다. 특히 현자의 돌은 연금술사들이 찾으려고 했던 양성체적 성질을 가진 온전하고 살아 있는 존재이다. 그것은 또 다른 이름으로 물질 속에서 잠자는 영적 인간 또는 두 번째 아담으로도 불린다. 그렇다면 이 환자는 무의식 속에서 한편으로는 어떤 정신적인 것을 찾으면서 다른 한편으로는 그것을 피하기 위해서 종교를 종교가 아닌 다른 것으로 대체하려고 한 것을 알 수 있다. 그래서 그는 그것이 그에게 위험한 결과를 가져올 것이라는 목소리를 들었다. 그런데 현대인 가운데는 종교적 욕구를 종교의 대체물에 쏟아붓는 사람이 많다. 유사심리학에 몰두하거나 신지학神智學에 몰두하거나 이상한 신비주의나 미신에 빠져서 진정한 종교적 욕구를 충족시키지 못하는 것이다. 현대 종교가 그들에게 매력을 주지 못하자 그들은 무의식의 종교적 욕구를 다른 대상에게 붓는 것이다. 그래서 그는 "종교를 여성상의 대치물로 이용하지 말라"는 경고를 들었다.

그러면 그에게 필요한 것은 무엇인가? 그것은 그의 내적 분열을 통합시킬 수 있는 전체상이다. 그는 무의식 깊은 곳에서 요청하는 것을 무시하고 세속적이고 합리적인 삶에 몰두하느라고 신경증에 걸렸는데, 그것들을 통합할 수 있는 전체상을 체험해야 하는 것이다. 과거에 사람들은 이런 분열을 통합해 줄 수 있는 것을 신이라고 생각하면서 신의 도움으로 통합해 왔다. 제도적인 종교에 이르지 못한 단계에서도 사람들은 신적인 것을 원과 4각의 상에 투사하면서 통합시켜왔던 것이다.[84] 그러므로 융은 이 꿈에 나타난 4의 상징은 불타는 산과 더불어서 '내면의 신'을 나타내는 것이라고 하였다. 그러나 이 환자는 아직 이 신을 만나지 못해서 고통을 당하고 있다.

융은 기독교 도그마는 신을 삼위일체로 표상하지만 무의식에서는 신격을 사위일체로 나타내는 경우가 많다고 주장하였다: "4는 원초적인, 아마도 선사시대의 상징이며, 언제나 세계창조의 신격과 결합하고 있는데도 불구하고 그것을 경험하는 현대인들은 기묘하게도 거의 그런 것으로 이해하지 않는다."[85] 이 꿈을 보면 이 환자에게 기독교 신앙이 약화되자 무의식에서 4로 형상화되는 신격을 찾고 있는 것을 볼 수 있다. 그는 기독교에서 제시하는 신이 남성적이기만 하고, 완전하기만 한 삼위일체 신이라서 그 신에 흥미를 잃었고, 세속적인 삶에 빠져들면서 신경증에 걸렸다는 것이다. 그러면 어떻게 해야 할 것인가? 융은 그것은 신을 외부에만 투사하지 말고 그의 내면에서 그를 통합할 수 있는 신을 찾아야 한다고 주장하였다. 그는 이제 그의 내면에 있는 신격과 하나가 되어야 하는 것이다.[86]

   그렇다면 그에게 필요한 신의 이미지는 어떤 것인가? 융은 사람들이 필요로 하는 이미지는 남성적이고 선하기만 한 기독교의 신상에 '악의 원리'나 '여성적 원리'가 포함된 사위일체적인 것이 되어야 한다고 주장하였다. 왜냐하면 악은 가히 '그리스도의 적수'일 정도로 신만큼 인간에게 강력하게 작용하며, 여성적 원리는 신을 낳는 자라서 신의 부족한 부분을 채워줄 수 있기 때문이다. 신이 정말 모든 것을 통합하는 것이라면 거기에는 성부, 성자, 성령 등 남성원리에 여성원리가 합쳐지거나 선(善)과 더불어 악이 합쳐진 3+1의 구조가 되어야 한다는 것이다.[87] 이러한 만다라적 신의 이미지야말로 현대인의 분열상을 통합할 수 있는 전체상이기 때문이다. 그러나 아직 융은 여기에서는 이런 가능성만 언급했을 뿐 본격적인 논의는 그다음에 나오는 '삼위일체 도그마에 관한 심리학적 고찰'에서 본격적으로 개진하였다.

자연적 상징의 역사와 심리학

1) 만다라의 환상과 전체성의 상징

『심리학과 종교』 제3장의 제목은 '자연적 상징의 역사와 심리학'이다. 융은 여기에서 인류가 여태까지 전체성의 상징을 나타내는 것들을 역사적으로 살펴보고 있다. 그러면서 그는 3이 전체적인 것을 나타내는 경우도 있지만, 4가 전체성을 나타내는 경우도 많았으며 특히 원과 사각형을 중심으로 한 만다라 상은 통합의 상징으로서 전체성을 나타낸다고 주장하였다. 융은 제3장의 앞부분에서 그의 환자가 환상에서 본 만다라 상을 소개하면서 그것이 그 환자에게 감정적 충격을 준 "가장 숭고한 조화의 인상이었다"고 하였다. 그 환상은 그가 원에 관한 일련의 꿈을 꾸다가 어느 날 불현듯 찾아온 것이다. 그는 그전에 원과 4를 주제로 한 꿈들을 많이 꾸었는데, 원에 관한 꿈 중에는 뱀이 그의 주위를 원 모양을 그리며 도는 소위 우로보로스uroborus의 꿈이나 시계, 중심이 있는 원, 둥근 과녁판, 영구운동을 하는 시계, 공, 둥근 식탁 원에 관한 꿈 등이다. 그리고 4와 관계되는 꿈 중에는 중앙에 분수가 있는 정원, 네모 난 감방, 비어 있는 사각, 꿈 꾼 이가 택시를 타고 네모 난 광장을 빙빙 도는 것 등이 있다. 그러다가 그는 다음과 같은 결정적인 환상을 보았고, 그 환상을 계기로 해서 신경증에서 점차 벗어나게 되었다. 그 환상은 다음과 같은 것이었다.

공통의 중심점을 가진 하나의 수직원과 수평의 원이 있었다. 그것은 우주시계이다. 검은 새가 그것을 운반한다. 수직원은 4×8=32 부분으로 나누어진 흰 테두리를 가진 청색의 판인데, 그 위에 시계바늘이 돌고 있었다. 수평의 원은 네 가지 색깔로 되었고, 그 위에 네 명의 남자가 추를 들고 서 있으며, 그 주위에 이전에는 어두운 색이었고, 지금은 황금색인 바퀴가 놓여 있다. 시계는 세 개의 율동이나 맥박을 지니고 있었는데, 작은 맥박: 청색 수직원의 시계 바늘은 1/32만큼 앞으로 뛴다. 중증도의 맥박: 시계바늘의 완전한 회전을 하면서, 동시에 수평의 원이 1/32 더 뒤로 간다. 큰 맥박: 32 중등도의 맥박은 황금의 고리ring 회전을 하게 한다.[88]

융은 이 환상이 어떻게 해서 꿈꾼 이에게 가장 숭고한 조화의 느낌을 주었는지 확실히 알 수는 없지만, 그의 정신적 발달에 전환점이 된 것은 틀림없다고 주장하였다. 아마 그 환상은 우주시계를 연상시키면서 전체성의 상징인 만다라mandala를 나타냈기 때문일 것이다. 그리고 그가 느꼈던 지극한 조화감은 만다라에 의한 누멘 체험 다음에 느끼는 감정일 것이다. 그 환상에서 청색의 원은 수직으로, 네 개의 색이 들어 있는 황금색 원은 수평으로 결합되어 일정한 리듬을 따라서 회전운동을 한다. 그런데 융은 이 만다라에서 가운데가 비어 있는 중심에 주목하였다. 보통 만다라의 중심에는 붓다나 시바와 샤크티의 융합 등 신격이 있기 마련인데, 이 환상의 중심에는 수학적인 점만 있을 뿐인 것이다. 융은 이와 비슷한 모양을 14세기 초 샬리스의 수도원장 기욤 드 디귈빌이 지은 『영혼의 순례』라는 책에 나온 천국의 환상에서도 발견하였다. 그 책에서 천국은 49개의 공이 회전하는 모양으로 이루어졌는데, 여기에서도 파란 원은 황금의 공을 관통하는 커다란 원 위를 원반처럼 이동한다. 『영혼의 순례』에서 기욤이 청색 원을 바라보는데 갑자기 자주색 옷을 입은 세 정령이 나타났다. 그때 기욤은 천사들에게 자기는 삼위일체의 상징을 이해할 수 없노라고 고백하면서, 하나님이 어떻게 하나이면서 동시에 셋이 될 수 있는지 설명해달라고 하였다. 그러나 천사들은 황금색은 아버지, 붉은색은 아들, 녹색은 성령에 속한다고 하면서 그 이상은 묻지 말라고 하였다. 그래서 기욤은 더 이상 묻지 못하고 말았다.

  그 책을 인용하면서 융은 기욤이 천사의 가르침으로 셋이 삼위일체와 관계된다는 것을 알게 되었지만, 신의 신비에 대한 그의 궁금증은 풀리지 않았다고 하였다. 그런데 융은 신의 신비를 파헤치는 과정에서 소크라테스와 괴테 역시 신적 전체상을 삼위三位가 아니라 사위四位에서 찾으려고 하였다고 주장하였다. 소크라테스는 『티마이오스』에서 "한 분, 두 분, 세 분, 그런데 보십시오. … 네 번째 분은 어디 계신가요?"[89]라고 하면서 나머지 하나를 찾았고, 괴테 역시 『파우스트』에서 카비렌의 입을 빌려서 같은 추구를 했기 때문이다. 융은 이때 기욤도 똑같은 문제에 직면해 있었을 것이라고 주장하였다. 그들은 모두 인류가 찾으려고 했던 전체성을 나타내는 상에서 3+1에 해당되는 나머지 하나를 찾으려고 애썼다는 것이다. 기욤은 나중에 하늘이 열린 것을 보았는데, 무의식 상태에서 하늘의 왕이 황금의 보좌에 앉아 있었고, 그 옆에 하늘의 여왕이 갈색 수정으로 된 둥근 왕좌 위에 앉아 있는 것을 보았다. 왕과 왕비가 결합된 전체성의 상징을 보았던 것이다. 그러면서 기욤은 그가 추구했던 대장정大長征을 마무리할 수 있었다. 하늘 보좌에 여왕이 왕과 함께 있는 것은 기독교의 남성적 신상을 극복한 새로운 통합적 신상이었기 때문이다.

융은 기독교 전통에서 사위성四位性의 상징은 초기 기독교에서 네 명의 복음서 기자나 두 변이 같은 십자가 등에서 잠깐 나타났지만 지금의 기독교에서는 전혀 찾아볼 수 없다고 주장하였다. 그런데 이 환자가 환상 속에서 보았던 것은 사위일체적 전제상이었다. 그 우주시계는 두 개의 원으로 되어 있으면서 네 가지 색깔과 네 명의 남자 및 32등분 등 수많은 4의 주제들로 되어 있었던 것이다. 그래서 융은 이 환자는 사람들이 수세기 동안 찾았던 물음에 대한 상징적 응답을 얻었다고 주장하였다. 그가 우주시계-만다라를 보고 '조화의 극치감'을 느꼈던 것은 그 때문이다: "그것은 물질과 정신, 세속세계의 탐욕과 신에 대한 사랑 사이의 파멸적 갈등이 해소될 수 있다는 최초의 시사였다. 교회 꿈의 그 초라하고 쓸모없는 타협은 만다라-환상에 의해 완전히 극복되었다."[90] 그러나 그것은 아직 그의 무의식 속에서 이루어진 것이다. 그는 이제 그것을 의식화시켜서 그의 몸으로 전체성을 살아야 한다.

융은 그가 그 환상을 '정신집중의 집'에서 "네가 하는 일은 위험하다. 종교는 네가 여성의 상을 갖지 않기 위해서 지불해야 하는 세금이 아니다"는 말을 들은 다음에 보았다는 점에 주목해야 한다고 주장하였다. 여기에서 여성의 상은 아니마로서 "의식의 삶에서 배제시키려고 하는 온갖 성향과 내용을 지닌 무의식"[91]을 나타낸다. 사람들이 그렇게 내적 인격을 소홀히 할 때 아니마에는 정신의 부정적인 요소들을 나타내는 그림자가 혼합돼서 더욱더 부정적인 작용을 하게 된다. 그것들이 억압되고 고립되면 열등성은 더욱더 심해지고 무의식 속에서 분출될 기회만 노리면서 사람들에게 신경증을 일으키는 것이다.[92] 그러므로 이 말의 뜻은 "네가 네 무의식에 있는 부정적인 요소들을 억압하려고 교회를 대치시키려고 하지 말고, 너에게 감정적인 것들을 야기하는 것들을 받아들여라"는 의미라고 강조하였다. 그런데 이 말은 그에게 이런 부정적인 것들을 통합할 수 있는 신의 이미지가 절대적으로 필요하다는 의미까지 포함되어 있을 것이다. 그래서 그는 우주시계-만다라를 통해서 그가 그동안 억압했던 여성적인 요소들과 부정적인 요소들을 통합한 상을 무의식적으로 체험하여 지극한 조화감을 느꼈고, 그 체험은 그의 정신발달에 결정적 계기가 되었다.

융은 그림자가 부정적이기만 한 것이라면 문제는 오히려 간단할 것이라고 주장하였다. 그림자를 제거하기만 하면 되기 때문이다. 그러나 그림자는 한 사람의 본성에 속한 것으로서, 아직 그가 살지 않아서 발달하지 않은 원시적인 요소이기 때문에, 그 사람의 가장 그 사람다운 부분을 담고 있다. 그러므로 그림자가 그의 인격에 통합되면 그는 그전보다 더 발달하게 된다. 그러나 사람들은 그림자를 억제하거나 억압하려고만 한다. 그림자를 인격에 동화시키려고 하지 않고 억압하려고만 하는 것이다. 하지만 이 환자의 꿈에서 우주시계-만다라는 그 자체가 전체상이라 그가 내면에서 통합하지 못한 것들을 통합하게 하였다. 그래서 그는 지극한 조화감을 느낄 수 있었다: "신과 인간의 합일이 그리스도나 십자가의 상징 속에 표현되어 있는 만큼 우리는 우리 환자의 우주시계가 이와 비슷한, 합일하는 의미를 가지고 기대할 수도 있을 것이다."[93] 그가 비록 의식하지 못했을지라도 우주시계-만다라의 꿈은 그의 내면에서 큰 통합을 하게 해서 그는 신경증적 상태에서 벗어날 수 있었던 것이다. 이 환상은 그에게 현대 교회가 하지 못했던 통합을 가져다주었던 것이다.

2) 가운데가 빈 만다라와 현대인의 문제

융은 여기에서 또 다른 사실을 보는데, 그것은 우주시계-만다라의 중심이 비어 있고 '정신집중의 집'에서도 신격이 발견되지 않는다는 사실이다. 융은 그것은 이 환자의 경우에서만이 아니라 현대인에게서 나타나는 보편적인 현상이라고 주장하였다: "중심은 대개 강조되고 있으나 그곳에서 우리가 발견하는 것은 … 별, 태양, 꽃, 등변 십자가, 보석, 물이나 포도주로 채워진 그릇, 위로 똬리를 튼 뱀 또는 인간 존재이며 단 한 번도 신이 아니다."[94] 현대인에게 이제 신격은 더 이상 지배적인 관심을 가지지 못하게 되었다는 말이다. 그 이유는 현대인에게 종교는 이제 더 이상 의미 있는 것으로 되지 못하고, 과거에 명멸했던 수많은 신처럼 죽었기 때문이다. 그 결과 "현대적인 만다라는 어떤 특수한 정신 상태가 무심코 표명한 고백이다. 만다라 안에는 신격이 없고, 또한 신격과의 화해나 순종도 암시되어 있지 않은 것이다. 신격의 자리는 인간의 전체성에 의하여 점유된 것 같다."[95] 현대인의 정신의 중심에 있는 전체성인 자기를 매개해 주는 신의 이미지가 현대인에게서는 죽어 있는 것이다. 융은 이런 현상들을 보면서 현대인의 의식은 오늘날 특이한 변이를 겪고 있으며, 그것은 대단히 위험한 일이라고 주장하였다. 왜냐하면 그렇게 될 경우 과거 신에게 투사되었던 정신에너지가 정체되거나 다른 것에 투사되어서 악마적 특성을 띠게 되기 때문이다: "우리 시대에서는 신인 神人조차 그의 권좌에서 내려와서 일상적인 인간 속으로 용해된 것처럼 보인다. 그러나 그 대신 현대인들은 거의 병적일 정도로 오만한 의식 때문에 고통받고 있다."[96]

고대 사회에서 사람들은 내면에 있던 것들을 해, 달, 별 등이나 동물 등 외부세계에 투사시켰다가 과학이 발달하면서 신에게 투사시켰는데, 이제 신에게 투사시켰던 에너지까지 철회시키면서 현대인은 심각한 위기에 빠지게 되었다는 것이다: "세계탈령화의 역사적 과정, 즉 투사의 되돌림이 지금처럼 계속된다면 밖에서 신적이며 데몬과 같은 성격을 가진 것이 모두 심혼으로, 미지의 인간의 내부로, 아마도 그것의 출구였던 그곳으로 되돌아갈 수밖에 없다."[97] 거기에서 파생되는 현대 사회의 문제를 융은 두 가지로 지적하였다. 첫째는 물질주의적 오류이다. 현대인은 신을 우주에서 물질적으로 찾으려고 하는 것이다. 그래서 현대인은 우주로 날아가 우주에서 신의 거소居所를 찾으려고 하다가 신을 찾지 못하자 신은 아예 존재하지 않는다고 단언하였다. 이것은 우리가 우주인의 증언에서 본 사실이다. 둘째는 심리학 만능주의이다. 다른 사람들은 신을 어떤 심리적인 것으로 생각하는 것이다. 현대인은 인간에게 가장 강력한 욕망, 즉 성욕이나 권력의지나 자기-실현 등을 신으로 생각하면서 그것들을 추구하는 것이다. 그래서 어떤 사람은 성욕을 신처럼 높이고, 다른 사람들은 권력의지나 자기-실현을 신처럼 숭배한다. 그러나 그것들은 결코 신이 되지 못한다. 그것들은 사람들에게 결코 궁극적인 관심의 대상과 존재의 기반이 되지 못하기 때문이다.

융은 현대인의 꿈에서 만다라의 중심에 신격이 없는 것은 현대 사회의 무신성을 보여주는데, 한 사람에게서 '신이 죽으면' 자아가 팽창되며, 그에 대한 좋은 예가 니체의 초인超人이라고 주장하였다. 니체에게서 자기의 투사를 받았던 신이 죽게 되자 어떤 때는 그 자신을 차라투스트라, 다른 때는 디오니소스와 동일시했다는 것이다. 하지만 그것들은 그의 자아를 분열시키면서 그를 죽음으로 몰고 갔는데, 그것은 현대 사회에서 니체뿐만 아니라 다른 많은 사람에게서도 나타나는 현상이다. 어떤 사람은 국가나 이념 또는 돈이나 권력 등에 그 에너지를 투사시키고, 그것들이 좌절될 때 알코올이나 약물로 도피하고 있다. 또 다른 사람들은 그들의 욕망이나 욕망의 대상을 절대시하면서 허상虛像을 쫓아가기도 한다: "개인의 정신에 있는 바로 가장 강하고, 그래서 결정적인 그 요소는 신이 인간에게 요구할 법한 저 믿음, 두려움, 복종, 또는 헌신을 강요한다. 지배하는 것, 피할 수 없는 것은 이런 뜻에서 '신'이다."[98] 그러나 신을 신이 아닌 것에서 찾으려는 사람들은 그 시도가 좌절될 때, 신의 그림자에 사로잡힐 수밖에 없다. 융은 이러한 신의 궐위闕位 시대가 지속될 경우 말할 수 없는 파괴가 찾아온다고 경고하였고, 우리는 그 현상을 지켜보고 있다. 그러나 현대 종교는 그 요인을 담을 수 있는 신의 이미지를 제공하지 못하여 현대인은 고통받으면서 그 옛날 소크라테스나 기욤 또는 괴테처럼 새로운 신의 이미지를 찾고 있다. 융에게 찾아왔던 환자도 그런 사람이었다. 그는 지적인 사람이었지만 현대 기독교회에서 만족하지 못하고 고통을 받았던 것이다. 현대인에게 주어진 시대적 과제는 이 신의 궐위 시대를 극복해야 하는 것이다. 그래서 융은 이렇게 말하였다: "중요한 것은 단지 우리가 모시고자 하는 '주 하나님'을 선택하는 일이다. 그로써 그의 보살핌이 우리가 선택하지 않은 '다른 것'의 지배에 대항해서 우리를 지켜줄 수 있도록 하기 위함이다. 신은 만들어지지 않는다. 선택된다."[99] 이 말의 의미는 무엇인가? 우리가 신을 선택하다니? 그 말은 현대인이 신의 이미지를 새롭게 만들어야 한다는 것이다. 의식이 발달한 현대인에게 알맞은 새로운 신의 이미지를 형성해야 한다는 것이다. 왜냐하면 현재 기독교에서 제시하는 이미지도 인간의 의식 발달에 따라서 계속해서 변화된 것인데 이제는 더 이상 현대인에게 영향을 주지 못하기 때문이다.

융은 그리스도는 탁월한 인격을 지닌 존재였으며 그의 삶은 기독교회에서 영원히 유지되는 비의로 이해된다고 주장하였다. 그리고 그의 삶은 원형적 삶으로서 어느 시대나 어느 장소에서 일어날 수 있는 영웅적 삶이었으며, 세계종교사에서 새로운 신의 부활은 많이 찾아볼 수 있다고 덧붙였다. 이집트에서 호루스Horus는 오시리스Osiris가 부활된 모습이고, 불사조phoenix나 꼬리를 물고 있는 뱀인 우로보로스uroborus는 그 상징이다. 그러므로 현내 사회기 신 죽음의 사회라면, 현대 사회에서 그리스도는 다시 부활해야 하며, 부활할 수 있다. 왜냐하면 그리스도의 탄생과 부활은 유일회적인 사건이기 때문이다. 그러나 그 모습은 과거의 모습과는 달라질 수밖에 없다. 현대인의 의식은 고대인의 의식보다 발달했기 때문이다: "그곳에서 (어둠의 힘을 이겨내고) 그는 하나의 새로운 질서를 만든다. … 오직 소수의 사람만이 부활한 자를 본다. 이 사실은 변환된 가치를 다시 발견하고 인식하는데 그 어려움이 결코 적지 않을 것을 의미한다."[100] 현대인은 새로운 신의 이미지를 발견하여 현재의 고통을 극복할 수 있을 것이라는 말이다.

그런 의미에서 융은 연금술은 인류가 이렇게 지하에 감금된 영혼 또는 물질 속에 감금된 영혼을 구원하려는 작업이었으며, 그렇게 회복된 영혼은 부활한 신으로 생각할 수 있다고 주장하였다: "모든 개별적 존재 안으로 자연의 중심인 혼으로서의 신이 널리 퍼져 들어간다는 것은 죽은 질료, 그러니까 극도의 어둠 속이라 할지라도 '신의 불꽃scintilla'이 살아 있음을 의미한다." 연금술사는 비천한 금속들을 가지고 외적인 작업opus을 했지만 사실은 신의 불꽃을 다른 말로 라피스lapis(현자의 돌)라고 부르면서 추출하려고 하였다는 것이다.[101] 연금술사는 다른 사람들이 현세적이고 형식적인 종교생활 때문에 신성Godhead을 제대로 체험하지 못할 때, 연금술 작업을 통하여 신성을 되살려내려고 애썼는데, 현대 사회에서도 그리스도는 새로운 모습으로 다시 부활할 수 있다는 것이다. 그것이 융의 환자가 보았던 우주시계-만다라이며, 다른 많은 사람 역시 꿈이나 환상 속에서 또 다른 종류의 만다라를 보면서 분열되었던 인격을 통합하는 것이다. 그래서 융은 그의 환자가 보았던 꿈과 환상은 그 환자의 오성이 고안해낸 것이 아니라 자연스러운 계시이며, 그 환자에게서만 일어나는 것이 아니라 현대인 모두에게서 무의식적으로 일어날 수 있는 원형적인 것이라고 주장하였다. 그러나 그 만다라는 그에게만 의미가 있는 신상이지 다른 사람들의 분열까지 통합시킬 수 있는 보편상은 되지 못한다. 그렇게 될 수 있으려면 더 깊은 고통을 겪고, 더 깊은 체험에서 나온 것이어야 한다. 더 위대한 종교적 천재가 신성으로부터 계시를 받아 세계 종교로 되어야 하는 것이다. 그래서 바울은 모든 피조물은 고통 속에서 구원자를 기다리고 있다고 하였다. 현대인은 지금 새로운 구원자의 이미지를 기다리고 있는 것이다.

결론

참다운 종교는 인간의 보편적인 심적 상태의 자발적 표현이고, 사람들에게 생명과 의미의 원천이 된다. 종교는 한 사람을 생명의 뿌리와 연결시키고, 살아가야 할 방향을 제시하며, 내적 분열이 조성될 때 그것을 통합하면서 구원의 길로 나아가게 하기 때문이다. 그래서 많은 사람은 종교적 태도를 가지고 살며, 갈등이 심할 때 종교생활에 더 깊이 몰두하게 된다. 그러면서 때때로 신적 존재를 체험하기도 하는데, 그때 그 체험은 체험자에게 절대적인 자리를 차지한다. 그 체험은 그의 마음에 새로운 중심을 만들면서 그전과 전혀 다른 삶을 살게 하기 때문이다. 그래서 융은 종교체험에는 정신치료의 효과가 있다고 주장하였다. 신적 존재에 대한 체험은 그전까지 다른 콤플렉스에 집중되었던 정신에너지를 새로운 중심에 집중시켜서 정신에너지가 새

로운 수로水路를 따라서 흘러가게 하기 때문이다.[102]

   그러나 현대인은 신의 죽음으로 삶의 방향을 상실하였고, 추구해야 하는 절대적 가치를 상실하여 고통받고 있다. 현대인은 그전까지 신에게 집중시켰던 정신에너지를 집중시킬 대상을 찾지 못하거나 신이 아닌 것들에 집중시켜서 고통을 받는 것이다. 그래서 현대인은 세속사회에서 새로운 신을 만들려고 하는데, 그것들은 현대에 만연된 수많은 이념이나 세속적 가치이다. 하지만 그것들은 도구적 이성에 기반을 둔 의식의 산물로서 처음부터 가능하지 않은 헛된 신들이다. 융은 그를 찾아온 환자에게서 현대인이 당면하고 있는 이러한 고뇌를 보았다. 그는 종교성이 약화된 사회에서 외적으로는 제대로 적응하였지만 무의식 깊은 곳에서 올라오는 생명의 요청에 응답하지 못하여 신경증에 걸렸던 것이다. 그러나 그는 어느 날 원과 4로 된 전체상인 우주시계–만다라를 환상 가운데서 보고 '지극한 조화감'을 느끼면서 신경증에서 벗어났다. 그는 그전까지 인류가 종교를 통해서 도움을 받았지만 현대 사회에서 기독교가 해주지 못했던 것을 무의식의 작용으로 치유받았던 것이다.

융은 여기에서 두 가지 사항을 지적하고 있다. 하나는 현대 사회는 신의 궐위 시대인데, 그 기간이 오래 갈수록 현대인의 고통은 깊어질 것이라는 사실이고, 다른 하나는 그 궐위 시대를 종식시킬 수 있는 새로운 신의 이미지가 필요하다는 것이다. 먼저 현대 사회가 신의 궐위 시대라는 사실은 우리가 앞에서 말했던 것들, 즉 현대인이 중심적 진리와 중심적 가치를 상실하여 피상적인 것들에 끌려 다니면서 고통받는 것으로 잘 나타난다. 융을 찾아온 환자가 신경증에 걸린 것은 그에 대한 좋은 예증이다. 현대인은 신 죽음의 시대에서 궁극적 관심의 대상을 찾지 못하여 고통을 받는 것이다.

다음으로 융은 현대 사회에서는 새로운 신의 이미지의 필요성을 강조하였다. 왜냐하면 사람들은 신의 이미지를 가지고 신앙생활을 하고 신적 체험을 하기 때문이다. 그러나 현대 사회에서 신앙생활에 기반이 되는 신의 이미지는 현대인에게 신과 깊이 있는 접촉을 하지 못하게 하는데, 그것은 그 이미지가 현대인이 무의식에서 찾는 이미지와 다르기 때문이다. 그래서 현대인은 신앙생활을 통하여 궁극적 관심을 추구하지 못하고 세속생활에 몰두한다. 현대인이 무의식 속에서 찾는 신의 이미지와 부합되는 올바른 신상의 출현이 시급한 것이다.

그러나 융은 현대 사회의 특징인 신의 궐위 현상은 그리 오래가지는 못할 것이라고 생각하였다. 왜냐하면 그로 인한 현대인의 고통이 너무 심하고, 인류는 언제나 그런 고통을 거치면서 새로운 신의 이미지를 발견하면서 고통을 극복했기 때문이다. 기독교의 수많은 신비가나 연금술사는 그런 사람들이었다. 그들은 제도적인 교회에서 제시하는 신의 이미지를 통해서 신에 대한 욕구를 충족시키지 못하자, 더 깊은 명상이나 연금술 작업을 통해서 신에게 다가갔던 것이다. 그래서 어떤 이들은 이단으로 정죄되었지만 그런 외적인 박해가 그런 작업을 그치게 하지는 못하였다. 그래서 현대인이 교회생활에서 만족감을 느끼지 못한다면 현대인 역시 새로운 신을 찾아야 하며, 융의 환자 역시 무의식적 환상을 통해서 그것을 찾았다. 그래서 융은 다음과 같이 말하였다: "그들의 무의식은 과거 2000년 동안 이래로 항상 되풀이하여 나타난 것과 같은 사유 방향으로 작동해

온 듯하다. … 나는 이 가능성을 원형이라고 불렀다."[103] 하지만 이런 작업이 개인적 차원에서만 이루어지는 것으로는 한계가 있다. 현대 사회에서는 수많은 사람이 고통받기 때문이다. 현대의 고등종교 가운데서 신에 대한 새로운 해석이 필요한 것이다.

제3부

현대인과 기독교:
개별적 정신의 확립과 계속되는 성육신

현대인과 신경증적 상황

인류는 계몽주의 시대 이후 인간의 이성으로 물질적인 측면에서는 물론 정신적인 측면에서도 풍요한 삶을 살 수 있을 것이라고 생각하면서 인문과학과 자연과학 기술을 발달시키면서 겉으로 보기에는 그 어느 시대보다 화려한 문명을 이루었다. 그러나 현대인은 그런 외적 발달과 달리 그 어느 시대보다 더 행복하지 못하고 공허를 느끼며 사는 듯하다. 현대인은 발달한 과학기술로 수많은 문명의 이기를 만들어냈지만 그것들을 이용하기 위해 그 어느 때보다 더 많이 일해야 하고, 더 많은 경쟁 속에서 내적으로 피폐해져 가는 것이다. 이런 상황 속에서 기독교는 현대인에게 별다른 도움을 주지 못하고 있다. 그러기는커녕 현대 교회는 세속사회를 쫓아가려고 하며, 세속사회를 교회 안에 끌어들이고 있다. 그것은 기독교인이 세속사회의 가치관을 그대로 받아들이면서 경쟁하거나 교회가 현대 사회에서 발달한 여러 가지 마케팅 기법은 물론 의사소통 기법과 광고기법을 이용하여 다른 교회들과 경쟁하는 것에서 잘 드러난다. 현대 사회에서 기독교는 계몽주의 사상가들과 그 후예들이 퇴위시킨 신을 대체할 만한 강력한 신의 이미지를 제시하지 못하고, 과거의 상징체계를 방어하기에 급급한 것이다. 이런 상황 속에서 위기를 느낀 기독교인 가운데 '기독교 영성'을 강조하는 사람들이 있지만 그들 가운데서는 시대착오적인 시도가 읽혀지기도 한다. 그들은 중세 기독교 신비가의 영성수련이나 생활 태도를 현대 사회에 그대로 이식시키려고 애쓰기 때문이다. 그러나 그들의 시도는 처음부터 성공할 수 없는 시도이다. 왜냐하면 중세 기독교 신비가의 신앙과 체험은 그 시대의 고유한 영적 분위기 속에서 이루어진 것이고, 모든 시대에는 그에 알맞은 신심생활의 모형이 있는데 그들은 그 사실을 간과하기 때문이다. 현대 사회에서 기독교는 기독교의 본질에 근거를 둔 새로운 상징체계를 제시하고, 새로운 모습으로 옷을 입어야 하는 것이다.

많은 현대인이 지금 느끼는 내적 공허와 무의미감, 방향상실감 등은 심리학적으로 볼 때 한 개인이 신경증으로 고통받는 것과 비슷한 현상이다. 왜냐하면 현대인은 지금 한 개인이 신경증에 걸렸을 때 느끼는 것과 같은 내적 기제를 집단적으로 느끼고 있기 때문이다. 정신의학에서 신경증은 사람들에게 내적 갈등이 있거나 외부에서 오는 스트레스를 제대로 다루지 못하고, 스트레스를 해결하는 데 부적절한 감정이나 행동을 지속적으로 나타내는 정신질환이라고 설명된다.[104] 신경증 환자들은 정신병 환자들과 달리 현실 검증 능력은 잃지 않았지만, 지속적으로 자신의 꿈과 목표, 즐거움과 위안을 얻는 데 필요한 행동과 사고를 제대로 하지 못하기 때문이다. 그런데 지금 많은 현대인은 신경증에 걸린 사람처럼 세상을 살면서 무엇을 어떻게 해야 할지 모르고 부적절한 감정이나 행동 속에서 사는 경우가 많다.

융은 이런 신경증을 가리켜서 "의미를 아직 발견하지 못한 영혼의 고통"이라고 주장하였다. 신경증은 환자의 의식과 무의식 사이에서 균형이 깨졌을 때, 무의식이 그것을 바로잡으려고 여러 가지 증상으로 나타나는 것이기 때문이다. 신경증 증상은 어떤 사람의 자아-의식이 현실적인 욕망에 너무 사로잡혀서 무의식의 기반에서 떨어져 있을 때, 그것을 바로잡으려는 내적 해리dissociation의 징표라는 것이다. 그래서 융은 신경증의 증상에는 의식과 무의식의 통합을 촉구하는 상징적 의미가 담겨 있고, 환자가 그 의미를 깨닫고 새로운 태도를 가지고 살면 신경증에서 낫게 된다고 강조하였다.[105] 여기에서 우리는 신경증이 고통스러운 질병이기는 하지만, 신경증을 계기로 해서 자신을 통합하면 그전보다 훨씬 더 전체적인 인격을 이룰 수 있다는 사실을 알 수 있다. 그것은 현대인에게도 마찬가지다. 현대인역시 지금 신경증적인 고통을 받고 있지만 그 고통 속에서그들이 진정으로 되찾으려는 것이 무엇인지 깨닫고, 그것을 회복하면 현대인은 지금보다 훨씬 더 풍요로운 삶을 살 수 있는 것이다.

현대 사회의 문제와 개별적 정신의 확립

앞에서도 언급했듯이 융은 종교religion와 신조creed는 다른 것이라고 구별하였다. 종교는 사람들이 어떤 형이상학적 요인factor과 주관적 관계를 맺는 것인 데 반해서, 도그마는 특정한 종교집단이 그들이 믿는 바를 지적으로 체계화한 일종의 타협이라는 것이다. 따라서 도그마에는 현세적 삶에서 나온 것들이 반영될 수밖에 없으며, 진정한 종교적 요소들은 뒤로 밀려날 수밖에 없다. 그러므로 사람들이 진정한 종교생활을 하려면 도그마 속에 있는 한계를 인식하고 도그마가 다 담지 못하는 종교의 진정한 측면을 찾아야 한다. 모든 종교의 신비가는 그 본질을 추구했던 사람들이다. 그래서 융은 사람들이 진정한 삶을 살려면 종교적인 태도가 중요하다고 강조하였다. 종교는 본래 인간의 본성에 있는 대극적對極的 요소인 동물적 본능과 정신적 본능을 통합하여 구원을 얻으려는 시도인데, 인간의 내면에는 그것

을 통합하게 하는 신적 요인factor이 들어 있다는 사실을 깨
닫고, 그 요인을 주의 깊게 관찰하고 고려하는 태도를 가져
야 한다고 주장했던 것이다. 그러므로 사람들은 그것들을
언어로 표현한 도그마가 다 가리키지 못하는 것까지 체험
하면서 내적 분열을 통합하고, 더 높은 단계의 삶을 향해서
나아가야 한다. 그때 종교는 사람들에게 세상이 주는 권위
와는 다른 권위를 가르치고, 세상에 매몰되지 않는 진정한
자유를 맛보게 한다. 그러나 현대인은 지금 도그마에 갇혀
서 진정한 신에게 다가가지 못하거나, 도그마에 승복하지
못해서 신에게서 멀어지는 듯하다.[106]

  융은 니체가 현대 사회의 특징으로 예견한 신의 죽음death
of God 현상을 신의 궐위interregnum라는 말로 표현하면서 니체
보다 낙관적으로 보았다. 그는 현대 사회에서 경험되는 신
의 죽음 현상은 죽을 수 없는 신이 죽은 것이 아니라, 현대
인이 아직 새로운 신의 이미지를 발견하지 못해서 없는 것
처럼 여겨지는 현상이라고 주장했던 것이다. 그러므로 신
이 복위되면 현대 사회의 혼란상은 다시 정리될 수 있게 된
다. 그러나 현대인은 아직 신에게 집중시켰던 리비도를 신

이 아닌 부차적인 것들에 투사시키면서 고통 속에서 산다. 현대인은 신에게 집중시켰던 강력한 에너지를 자기 자신이나 이념, 국가 또는 다른 세속적인 것들에 집중시키면서 고통받는데, 그 이유는 신에게 집중시켰던 리비도를 받는 것들은 팽창하기 마련이고, 팽창한 것들은 악마적으로 작용하기 때문이다. 우리는 그 현상들을 지금 현대 사회에 만연해 있는 이념의 팽창이나 과도한 국가주의, 대중주의 또는 본능의 팽창 등이 자아내는 광기와 폭력성 속에서 보고 있다. 그러나 한 사람의 신경증이 치유될 수 있다면 현대인의 집단적 고통도 치유받을 수 있을 것이다. 그러면 어떻게 현대인의 신경증적 상황이 치유될 수 있을 것인가?

신경증을 치료하기 위해서 한 개인은 신경증 증상 뒤에 있는 의미를 발견하고, 그의 무의식에서 요청하는 것에 귀를 기울여야 한다. 그것을 위해서 현대인에게는 세 가지 사실이 필요하다. 하나는 사람들이 개별적 정신을 이루어야 하고, 다른 하나는 잘못된 세계관에서 벗어나 새로운 세계관을 확립해야 하며, 마지막에는 삶의 재중심화를 이루어야 하는 것이다. 먼저 현대 사회의 가장 큰 문제는 집단성의 문제이다. 현대 사회에서 사람들은 집단적으로 되어서 모든 것을 통계적으로 계량하려는 바람에 한 개인으로 존재하지 못하고 사회적 단위의 하나로 살고 있는 것이다. 따라서 많은 사람은 그가 스스로 생각하거나 판단하려고 하지 않고 집단의 의견이 자신의 생각인 줄 알고 사는 경우가 많다. 자신의 뚜렷한 생각 없이 집단인集團人으로 사는 것이다. 현대 사회에 만연되어 있는 통계 숫자에 대한 맹신과 국가주의는 그것의 심각한 부작용 가운데 하나이다. 현대인은 거대한 집단 속에서 모든 것을 통계로 파악하려고 하며, 통계 숫자는 현대 사회에서 마력을 지닌 것처럼 제시되는 것이다. 그러나 통계는 그 속에 인간의 진정한 삶과 감정적인 것들을 하나도 담지 못하는 공허한 추상抽象이다. 지난해 교통사고로 죽은 사람이 몇 명이라는 통계는 그 사고로 인해서 슬퍼하는 가족의 비탄과 그로 인해서 앞으로 펼쳐질 유족의 고통은 전혀 담지 못한다. 그러므로 통계 숫자가 제시되는 곳에서 한 개인의 삶은 무시되고, 공허한 담론만 펼쳐진다. 그러나 현대 사회에서 사람들은 많은 것을 통계 숫자로 설명하려고 하며, 그에 따르는 허상을 가지고 살도록 강요당한다.

이렇게 집단적으로 된 현대인에게 국가주의는 매력적으로 다가올 수 있다고 융은 주장하였다. 현대 사회에서 사람들은 급변하는 세태와 왜소하게 느껴지는 개인의 위상에 불안을 느끼고 자신의 책임을 국가에 떠넘기고 지도자들이 그들을 이끌어주기를 바라는 것이다. 그 결과 대중은 그들의 삶을 국가에 의탁하고, 국가의 한 단위로 전락하고 만다. 그때 국가의 정책은 대중의 사고와 행동의 최고 원리가 되며, 그 반대자들에게는 적대감을 품기까지 한다. 국가의 정책은 하나의 신조처럼 찬양되고 지도자는 반-신적 존재가 되면서 국가주의는 완성되는 것이다. 현대 사회에서 흔히 볼 수 있는 광경이다: "대중은 언제나 혼돈에 가득 찬 무정형성을 보상하기 위해서 '지도자'를 만들어내는데, 지도자는 거의 모두 그의 팽창된 자아-의식의 희생자이기 마련이다."[107]

그러나 한 사람이 이렇게 집단적인 삶에 함몰되어 개인성을 발달시키지 못할 때 신경증은 필연적으로 찾아온다. 한 사람이 집단적인 삶이 요청하는 것들만 하다가 자기 내면의 욕구를 소홀히 하여 신경증에 걸리는 것이다.[108] 어떤 신경증은 사람들이 개인적인 것과 집단적인 것 사이에서 조화와 균형을 맞추지 못해서 생기는데, 현대 사회는 신경증을 유발하기 알맞은 사회인 것이다: "신경증은 그냥 단순한 병이라기보다는 심리-사회적인 현상이다. 이 사실은 우리로 하여금 병이라는 개념을 개인적인 신체라는 생각 이상으로 넓혀가게 하고, 신경증적인 인격을 환자들이 사회와 맺고 있는 관계 체계 속에서 고찰하게 한다."[109] 그러므로 우리는 신경증의 치료를 위해서는 한 사람이 개별적 정신을 확립해야 하는 것이 얼마나 필요한지 알 수 있다. 사람들은 집단에 함몰되지 않고 스스로 생각하고 결정하면서 자신의 삶을 이끌어가야 하는 것이다. 그렇지 않을 경우 그들은 무의식의 분화되지 않은 세력에 이끌려가거나, 병적인 사람들의 의식에 동조되면서 신경증적 태도를 보이게 된다. 그러나 현대 사회에서는 그렇게 군중에 휩쓸리고, 집단적 광기에 휩쓸리는 사람이 너무 많다.

여기에서 개별적 정신을 가진다는 것은 한 사람이 자신의 의식을 가지고 생각하며 사는 것을 의미한다. 이 세상에 있는 모든 것은 경우에 따라서 한 사람에게 좋게 작용하기도 하고 좋지 않게 작용하기도 하는데 그것을 결정하는 것은 그 사람이기 때문이다. 그러나 한 사람이 자신의 생각과 판단 없이 다른 사람에게 끌려가면 그는 실패하게 되고 실패는 그에게 정신적 고통만 가져오게 된다: "한 사람이 그 자신의 다리로 굳게 서 있지 않는 한 아무리 객관적으로 가치 있는 것이라고 할지라도 그에게 이익을 거의 가져다주지 못한다. 왜냐하면 그것들은 그의 개성을 억제하거나 무시하면서 그의 성격을 바꾸려고 할 것이기 때문이다."[110]

융은 이러한 전체주의적 체제는 역사적으로 교파적 종교 공동체와 사회주의 국가에서 전형적으로 드러났다고 주장하였다. 그 집단들에서는 집단적 목표를 먼저 설정하고, 한 개인을 그 집단에 일방적으로 추종하게 했는데, 그럴 때 그 개인은 독립적 인격이 되지 못하고 집단의 노예가 되고 만다. 그래서 그 집단에서는 개별적 정신을 가진 사람들이 반발하면 이단異端 재판을 하거나 수용소에 가두었는데, 현대 사회에서도 국가주의는 그런 현상을 띠고 있다. 그러나 융은 이렇게 "조직된 대중에게 저항할 수 있는 것은 오직 그

대중처럼 자신의 개인성을 잘 조직한 사람뿐이다"[111]라고 하면서 개별적 정신 확립의 중요성을 강조하였다. 그렇지 않을 경우 사람들은 현대 사회에서 과거의 교파적 종교공동체나 사회주의 국가 대신 등장한 또 다른 작은 규모의 교파적 공동체와 국가주의, 그렇지 않으면 돈, 일, 성공을 부추기는 자본주의 체제나 이념, 문화 등의 옷을 입고 나타나는 수많은 하위공동체의 악마적 에너지를 가진 강박적 요소들에 사로잡히면서 자기가 아닌 다른 사람으로 살게 되기 때문이다.

신경증의 치료와 세계관의 변화

다음으로 융은 정신치료에서 세계관Weltanschauung의 변화가 매우 중요하게 작용한다고 주장하였다. 사람들이 생각하고 행동하는 것은 그가 의식하든 의식하지 못하든 그의 세계관에서 나오기 때문이다. 따라서 어떤 사람이 올바른 세계관을 가지고 살면 그는 삶에서 제시되는 문제들 앞에서 올바른 태도를 가지고 대처하지만, 그렇지 않은 경우 너무 좁은 안목을 가지고 살거나 삶의 과제 앞에서 도피하는 등 병적인 방식으로 대처한다. 사실 어떤 사람이 신경증에 걸렸다면, 그것은 그가 가지고 살던 세계관이 이제 더 이상 그를 이끌어주지 못한다는 사실을 의미한다: "삶의 조건이 너무 심하게 바뀌어서 외적 상황과 우리의 생각 사이에 메울 수 없는 균열이 생길 때 … 세계관의 문제 또는 삶의 철학의 문제가 생긴다."[112] 그것은 현대 사회에서도 마찬가지다. 세계관의 변화는 현대인 모두에게 필요한 문제인 것이다. 현대 사회에서 모든 것이 너무 급변해서 현대인은 지금 모두 삶에 어떻게 적응해야 할지 몰라서 어려움을 느끼고 있는 것이다. 그래서 융은 "전 세계 어디서나 세계관에 대한 질문이 쏟아져 나오고 있다. 즉 사람들이 삶에 대한 질문, 세상에 대한 질문을 하고 있는 것이다. … 우리에게는 새로운 세계관이 필요하다"[113]고 하였다.

융에게서 세계관은 삶의 태도와 거의 같은 의미를 지니고 있다. 한 사람에게 세계관은 그가 이 세상과 자기 자신을 어떻게 규정하느냐 하는 관점을 제공하여 그가 이 세상에서 살아가는 태도로 나타나는 것이다: "세계관이라는 개념은 태도attitude라는 개념과 매우 가까운 말이다. 그래서 어떤 사람들은 세계관이란 하나의 개념으로 형성되어서, 밖으로 드러난 태도라고 할 수 있을 것이다."[114] 그러므로 세계관은 한 사람의 삶에서 결정적인 중요성을 갖는다. 세계관은 그에게 주어진 상황에서 모든 생각과 행동을 결정하는 틀이 되기 때문이다. 세계관은 사람들에게 삶에 대한 정향定向 원리를 제공하고, 이 세상과 삶에서 취하는 태도를 결정하게 하는 지배적인 생각과 표상을 제공하는 것이다. 그래서 융은 "하나의 세계관世界觀을 갖는다는 것은 자기 자신과 세계에 대한 이미지를 만들어 간직한다는 사실을 의미한다. 다시 말해서 자기가 누구이고, 이 세상이 어떤 것인가 하는데 대한 자기 자신의 이미지를 형성하는 것이다"[115]라고 주장하였다.

그런데 모든 사람의 세계관은 그의 실존적인 문제와 관련되기 때문에 정신적인 것들로 이루어져 있다: "우리는 세계관이라는 말을 어떤 사람이 그의 삶의 태도를 직관적인 방식이나 관념적인 방식으로 형성하는 데 도움을 주는 것에만 사용해야 한다. 다시 말해서 사람들이 어떻게 행동해야 하며, 어떻게 살아야 할 것인가 하는 점을 분명하게 깨닫게 해주는 어떤 틀만이 세계관에 해당하는 것이라는 말이다."[116] 그러므로 융에게서 세계관은 한 사람의 내면에 구축되어 있는 하나의 정신체계 또는 이미지로서 그의 종교적, 철학적 표상과 밀접한 관계에 있다: "세계관은 가장 복합적인 구성물로서 생리적으로 결부된 정신의 대극을 이루고 또한 가장 높은 정신적 주상主想, Dominante으로서 그 숙명을 결정한다. … 가장 높은 정신적 주상은 항상 종교적이고 철학적 특성을 가지고 있다."[117]

이러한 특성을 가진 세계관은 자연히 그 사람의 신의 이미지와 밀접한 관계를 가지지 않을 수 없다. 신의 이미지는 한 사람에게 중심적인 진리와 가치의 원천이 되고, 그는 그의 신관神觀을 중심으로 해서 그와 세계의 관계 및 삶에 대한 그의 태도를 형성하기 때문이다. 모든 종교에서 신은 궁극적인 가치와 관련되어 있기 때문에 한 사람이 파악하는 세상의 모든 사상事象들은 그가 가진 신의 이미지를 중심으로 해서 형성될 수밖에 없는 것이다. 그래서 융은 한 사람에게서 세계관과 신의 이미지는 정신건강에 결정적인 역할을 한다고 주장하였다: "정신의 건강은 사람들이 가진 세계관과 직접적인 관계에 있다. … 그가 어떤 사실을 관념화시키고, 하나의 이미지 안에서 파악하는 방식은 그에게는 물론 그의 정신 건강에도 너무 중요한 것이다. … 우리는 신경증의 원인론을 탐구하면서 세계관의 문제와 만날 수 있으며, 분석의 끄트머리에서도 세계관의 문제와 만나게 된다."[118]

정신치료에서 세계관의 중요성을 주장한 것은 융만이 아니다. 정신치료가 단순히 증상의 소실에만 있는 것이 아니라 인격personality의 변화에까지 맞춰져야 한다는 인식이 깊어지면서 인격의 변화를 위해서는 세계관의 전환이 이루어져야 한다는 생각이 점차 커지고 있기 때문이다. 그래서 A. 엘리스와 A. 벡 같은 인지치료자들도 정신치료를 위해서는 환자들이 가지고 있던 불합리한 인지체계(또는 신념체계)가 합리적인 인지체계로 전환되어야 한다고 주장하였다. 이때 그들이 말하는 인지체계는 세계관보다는 작은 규모이지만 세계관과 같은 맥락에 있는 개념이다. 왜냐하면 환자들을 고통에 빠트리게 하는 것은 그들이 부모나 사회로부터 학습받은 불합리한 견해나 신념들로부터 기인하여 그것들이 변화되지 않는 한 치료가 이루어지지 않기 때문이다. 그래서 A. 엘리스는 "인지치료자는 소위 '증상의 치료'에는 관심이 없고 … 내담자가 자신을 보는 가치관과 거의 습관적으로 뿌리박힌 생각의 내용을 혁신적으로 재구성하도록 한다"[119]라고 주장하였다.

정신치료에서 세계관의 변화가 필요하다는 생각은 과학사학자 토마스 쿤이 말한 패러다임의 전환paradigm shift과도 일맥상통하다. 쿤 역시 과학사科學史에서 새로운 과학이 탄생할 때 기존에 있던 패러다임에 혁명적 변화가 있었다고 주장하기 때문이다. 쿤에 의하면 한 사회에서 지배적으로 인정받는 정상 과학normal science은 사람들이 그때까지 지각한 사실들로 구성된 하나의 패러다임에 기초를 두고 있다. 따라서 사람들은 그 인식을 바탕으로 해서 세계를 파악하고, 세계에서 일어나는 사태에 대응하면서 산다. 그러나 사람들에게 기존의 패러다임으로 설명되지 않는 변칙 현상anomaly들이 발견되면 위기에 빠지고, 그 위기를 극복하기 위해서 새로운 패러다임을 만들고 그것을 가지고 새로운 결과들을 설명하려고 한다. 그러다가 새로운 패러다임에 토대를 둔 새로운 과학이론이 만들어지고, 과거의 패러다임은 폐기되며, 위기는 극복된다. 여태까지 과학의 역사는 이렇게 새로운 패러다임이 과거의 패러다임을 혁명적으로 전환시켜온 결과들이다. 이렇게 해서 얻어진 새로운 패러다임은 또 다시 새로운 변칙현상이 나타나 새로운 과학이론이 만들어지기 전까지 정상과학의 역할을 하게 되고, 사람들은 이것을 가지고 세계를 보게 된다. 세계관의 변화가 이루어지는 것이다.[120]

미국의 종교사회학자 밧슨과 벤티스는 이러한 쿤의 생각과 J. 피아제의 인지심리학을 종합해서 문제 해결 과정에서 한 사람에게 새로운 인지 구조cognitive structure가 생기는 것을 다음과 같이 설명하였다. 첫째, 한 사람이 현실이라고 생각하는 것은 그들이 신체적 지각과 사회적 역할, 규범, 언어 등을 통하여 현실을 구성하고 사는 것인데, 그 현실은 거기 그대로 있는 것이 아니라, 끊임없이 변화된다. 둘째, 사람들이 구성하는 현실은 인지구조에 바탕을 두고 있다. 사람들은 인지구조를 가지고 그들이 현실이라고 생각하는 것을 짜 엮으면서 사는 것이다. 따라서 인지구조가 다른 사람들은 같은 것을 서로 다른 현실로 체험하면서 산다.[121] 셋째, 사람들의 인지구조는 계급적으로 정리되어 있으며, 그 차원들은 다소 복잡한 인지 원리들로 구성되어 있다. 사람들이 가진 인지구조는 단순하고 구체적인 구성 원리로부터 복잡하고 추상적인 구성 원리에 이르기까지 모두 다르다. 넷째, 각 사람들의 인지구조는 그가 사물을 분별하고, 통합하는 정도에 따라서 달라질 수밖에 없으며, 더 복합적인 인지구조를 가진 사람은 현실을 더 복합적으로 파악하지만, 그렇지 않은 사람은 단순하게 파악하면서 산다. 다섯째, 창조성은 한 사람이 가지고 있던 인지구조가 해체되고 새로운 인지구조로 재형성될 때 가능한데 새로 생긴 인지구조는 과거의 구조보다 더 발달된 것이다. 여섯째, 창조적 과정은 사람들이 여태까지 가지고 있던 인지구조가 무너지고 새로운 인지구조가 형성되면서 생겨나는데, 그때 그 사람에게는 의식적으로나 무의식적으로 새로운 지각과 인식이 쌓이고 무의식에 있던 자료들이 통합되면서 이루어진다.[122] 이렇게 볼 때, 현대인이 지금 신경증적인 상태에 있다면 그들은 잘못된 세계관 또는 과거의 패러다임이나 인지구조를 가지고 살기 때문이다. 그러므로 그들은 새로운 세계관 또는 새로운 패러다임이나 인지구조로 변화시켜야 한다. 그들의 신경증적 고통은 그들의 세계관이 잘못되어 있기 때문이며, 신경증 증상은 그것을 알리는 신호인 것이다.

자기와 재중심화

마지막으로 신경증이 극복되려면 한 사람의 삶에서 재중심화가 일어나야 한다. 융은 인간의 정신에는 자아보다 더 큰 정신 전체의 중심인 자기自己가 있으며, 자기는 내적 지도요인으로서 정신의 전체성을 이루게 한다고 주장하였다: "나는 내가 자기Self라고 부른 것이 자아와 무의식 사이의 한가운데 자리 잡고 있는 정신의 이상적인 중심中心이라고 확신한다."[123] 자아는 스스로 정신의 중심이 되어서 살지 않고 자기와 긴밀한 관계 속에서 살아야 하는데, 자기는 인간 정신의 자기-조절 요인으로서 그 과정을 이끌어간다는 것이다. 자아와 자기의 이런 관계를 미국의 융 학파 분석가인 에딘저는 자아-자기의 축으로 설명하면서, 자기는 자아가 일방성을 띨 때마다 올바른 길을 향해서 나아가게 한다고 주장하였다. 그때 자아-자기의 축은 올바르게 설정되어 자기는 자아의 군건한 기반이 되고, 삶에 에너지, 흥미, 의미, 목적을 주면서 사람들로 하여금 건강한 삶을 살게 한다. 그와 반면에 자아-자기의 축이 올바르게 설정되어 있지 않으면 사람들은 제대로 살지 못하고 공허, 실망, 무의미성에 빠지게 된다. 자아-의식은 무의식의 부정적인 요소들의 영향을 받으면서 고통당하는 것이다.[124] 사람들이 신경증이나 정신병에 걸리는 것은 그때이다. 그러나 융은 그런 상황에서도 자기는 정신을 다시 통합하려고 작용한다고 주장하였다. 자기는 그 자체가 정신의 중심이며 전체성이기 때문이다: "… 자기는 그것이 어떤 이름으로 생각될지라도 혼돈된 상태를 효과적으로 보상한다. 자기는 그 안에 개인의 자유와 존엄성을 담고 있는 안트로포스 anthropos(인간)인 것이다."[125]

자아가 자기와 긴밀한 축을 이루면서 자기의 내용을 그대로 실현시키게 하는 것을 융은 개성화 과정이라고 하였으며, 정신치료의 목표는 개성화 과정에 있다고 주장하였다. 개성화가 이루어지면 자아는 강력한 에너지를 가진 자기의 도움으로 무의식의 세력으로부터 해방되기 때문이다: "개성화 과정은 자기를 페르조나persona가 덧씌워 놓은 잘못된 껍질로부터 벗어나게 하고, 무의식으로부터 파생된 이미지들에 으레 있기 마련인 암시력으로부터 해방시키는 목표를 가지고 있다."[126] 그때 사람들은 전체적 인격을 실현하게 되어 더 이상 무의식의 충동에 휩쓸리거나 다른 사람의 시선을 의식하지 않으면서 해방된 삶, 자유로운 삶을 살게 된다: "그것은 다른 어느 것과도 비교할 수 없고, 가장 그다운 자기自己를 실현시키는 것이다. 우리는 개성화라는 말을 '자기 자신이 되는 것', '자신의 내면에 있는 자기를 실현시키는 것'이라고 바꿔 쓸 수도 있는 것이다."[127]

사람들이 개성화를 이룰 때 인격의 중심은 변화된다. 그전까지 자아중심적으로 살면서 고통을 당하다가 자기중심적으로 되면서 전체적인 삶을 살게 되는 것이다. 그래서 융은 개성화를 다른 말로 재중심화라고 하였다. 그전까지 자아가 인격의 중심에 있던 것에서 벗어나 자기가 인격의 중심이 되기 때문이다. 그런데 자기는 정신 요소 가운데서 에너지를 가장 많이 가지고 있고, 가장 전체적인 요소이기 때문에 자기의 실현은 사람들이 최상의 상태에 도달하는 것을 의미한다. 새로운 인격은 그 의식적인 주체가 알지도 못했고 바라지 못했던 상태에 도달하는 것이다: "나의 경험에 의하면 중심화는 발달과정에서 한 번도 이루어지지 않았던 정상에 도달하는 것이다. 왜냐하면 그것은 치료 과정에서 최상의 효과를 나타내기 때문이다."[128]

융은 인간의 발달과정에서 중심이 되는 세계관은 여러 차례 바뀐다고 주장하였다. 사람들이 나이를 먹으면서 삶의 상황이 바뀌면 그에 알맞도록 전체성이 다시 이루어져야 하는 것이다. 에딘저의 용어로 말하자면 자아-자기의 축은 인생의 여러 단계에서 새롭게 조정되어야 하는 것이다. 그 예로서 사람들은 인생의 전반기와 후반기에 같은 생활태도를 가지고 살 수 없다. 왜냐하면 인생의 전반기와 후반기의 삶의 과제가 다르기 때문이다. 인생의 전반기에 사람들이 자아를 강화하면서 본능적 목적을 충족시키면서 살았다면, 인생의 후반기에는 전반기에 소홀히 했던 내적 욕구들을 충족시키면서 통합된 삶을 살아야 하는 것이다. 사람들이 그것을 의식할 때 의식은 새롭게 구조화되고, 그전보다 더 큰 인격을 구성할 수 있는 축이 나타나 다른 사람들이나 이 세상과 다른 관계를 맺게 된다. 이러한 변화의 필요성을 나타내는 것이 민담에 많이 나오는 '늙고 병든 왕'의 주제이다. 그 민담들에서 늙고 병든 왕은 막내아들에게 왕위를 물려주는데 그것은 과거에 이루었던 전체성(늙고 병든 왕)이 새로운 전체성(막내아들)으로 교체되어야 하는 것을 나타낸다. 인격의 재중심화를 의미하는 것이다.[129]

그런데 현대 사회에서 기독교가 현대인에게 별다른 영향을 주지 못하고, 현대인이 신경증적 상태에서 벗어나는 데 도움을 주지 못한다면 기독교에서 제시하는 신의 이미지는 달라져야 한다. 현대인이 그전까지 가지고 살던 세계관에서 벗어나 새로운 세계관을 형성하고, 현대인이 재중심화될 수 있도록 달라져야 하는 것이다. 은유적으로 말하자면, 현대 기독교에서도 '늙고 병든 왕'이 물러나고 새로운 왕이 등극해야 하는 것이다. 그리하여 현대인이 새로운 신의 이미지를 가지고 새로운 세계관을 형성할 수 있도록 해야 하는 것이다.

악의 통합과 사위일체적 신의 이미지

융은 현대 교회가 제시하는 신의 이미지는 현대인이 세상에서 경험하는 악을 통합하는 데 도움을 주지 못한다고 생각하였다. 기독교의 삼위일체 신상은 현대 사회에서 악의 문제 때문에서 고통당하는 사람들에게 별다른 역할을 하지 못한다는 것이다. 예를 들어 말하면, 세척강박증 환자는 그가 거리끼는 행위를 했다는 의식적 인식과 무의식에 있는 양심 사이에 간극間隙이 깊을 때 신경증에 걸려서 손만 강박적으로 씻는다. 여기에서 그가 손을 씻으려는 행동은 사실 그의 양심을 씻으려는 상징적 의례儀禮이다. 이때 그에게 예수 그리스도의 대속redemption에 대한 신앙이 체험적인 것이라면, 그는 그리스도의 대속에 힘입어 그의 죄를 진정으로 통회하고 고통에서 벗어날 수 있을 것이다. 그러나 그는 기독교 도그마에서 말하는 예수 그리스도의 대속적 죽음을 머리로는 알지만 그것을 자신에 적용시키지 못해서 고통을 떨쳐버리지 못한 채 손만 씻는다. 많은 현대인에게 기독교 신앙은 체험적 깨달음이 되지 못해서 구속救贖받지 못하는 것이다. 그래서 융은 "어느 누구도 구속되었다고 느끼지 못하는데, 그리스도의 죽음이 어떻게 사람들을 구속시킬 수 있겠는가?"[130]라고 물으면서, "우리 시대의 혼란한 상황이 보여주고 있듯이, 나는 오늘날의 기독교가 사람들에게 궁극적인 진리가 되지 못한다고 생각한다. … 그래서 나는 기독교가 근본적으로 더 발달해야 할 필요가 있다고 생각한다"[131]고 덧붙였다.

그러면서 그는 현대인에게는 기독교 도그마가 제시하는 삼위일체적 신상神像보다는 사위일체적 신상이 더 필요하다고 주장하였다. 왜냐하면 삼위일체적 신의 이미지 속에서 성부, 성자, 성령은 모두 선하기만 하여 어떤 사람이 죄를 지었을 때, 그는 그가 선한 하나님에서 벗어났다는 생각에서 하나님의 처벌만 두려워할 뿐 죄 지은 그 자신을 받아들일 수 없기 때문이다. 그래서 그는 그 안에 악惡이 포함되어 있지만 악이 더 이상 자율적으로 작용하지 못하도록 통제된 또 다른 신상의 필요성을 강조하였다. 그러면서 그것은 성부, 성자, 성령과 함께 악의 원리가 포함되어 있는 사위일체 신상이 되어야 한다고 주장하였다.[132] 사위일체 신상은 그 안에 악의 원리가 포함되어 있지만, 악이 선과 통합되어 있어서 어떤 사람이 죄를 지었을 때 자신이 지은 죄에 짓눌리지 않고 그의 악을 수용하면서 선의 능력으로 악을 통제할 수 있을 것이기 때문이다. 그는 사위일체 신상을 통해서 '죄-죄책감-시간의 경과로 인한 죄책감 감소-다시 죄 지음'의 악순환에 빠지지 않고 악을 통합할 수 있는 것이다.

융은 기독교의 삼위일체 신론은 그전에 있었던 유대교의 유일신론보다 훨씬 발전된 신론이라고 주장하였다. 왜냐하면 그것은 모신母神, 부신父神, 자신子神 등 혈족으로 이루어진 다른 종교의 신론과 달리 성부와 성자 사이를 잇는 정신적 개념인 성령이 제시된 정신적인 신상이기 때문이다. 그래서 그는 야훼 하나님에 기반을 둔 유일신론적 세계관을 가지고 사는 사람들은 "… 사람들이 어린아이와 같은 상태, 즉 사람들이 이미 완성된, 어떤 특정한 유형의 실존에 의존되어 있는 의식의 초기 상태"[133]에 머무르고 있는

데 반해서, 삼위일체론은 기독교인이 성부 하나님의 율법적인 세계관에서 벗어나 더 의식화된 세계에 적응하는 데 도움을 줄 수 있다고 주장하였다: "삼위일체론이 단순한 단일신론보다 더 높은 형태의 신-관념인 것은 틀림없는 사실이다. 왜냐하면 그것은 사람들이 더 의식화된 사고의 수준을 보여주기 때문이다."[134] 그래서 삼위일체 신론은 기독교인에게 어느 시대까지 도움을 줄 수 있었다. 사람들이 중세 시대까지 '그리스도를 본받는 삶'을 살면서 동물적인 본능을 따라서 살지 않고 정신성을 이루면서 사는 데 도움을 주었던 것이다. 그러나 현대인은 그들처럼 소박한 삶을 살 수 없게 되었다. 현대인의 의식은 그전보다 훨씬 복잡해졌기 때문이다. 그래서 삼위일체 신론은 현대인의 무의식에 있는 '신적 불꽃'을 자극하지 못하고 있다.

융은 사람들은 오랜 옛날부터 전체성을 나타내기 위해서 삼위성이나 사위성을 사용해왔다고 주장하였다. 사람들은 물체를 나눌 때 고체, 액체, 기체 등 셋으로 나누었고, 색깔의 기반도 빨강, 파랑, 노랑 등 삼원색이며, 피조물 집단도 동물, 식물, 광물 등 셋으로 나누었던 것이다. 그러나 사위성으로 전체성을 나타내는 것도 많은데, 사람들은 방위方位도 동, 서, 남, 북 등 넷으로 나누었고, 계절도 봄, 여름, 가을, 겨울 등 넷으로 나누었으며, 물질을 구성하는 원소도 흙, 공기, 물, 불 등 넷으로 생각하였다. 그러면 3과 4의 차이는 무엇인가? 융은 3이 남성적인 숫자이고 완전성을 나타낸다면, 4는 여성적인 숫자이고 전체성을 나타낸다고 주장하였다. 3이 역동적인 숫자로서 무엇인가를 향해서 나아가는 성질을 가진 숫자라면, 4는 펼쳐진 것들을 다시 모으고 품으면서 안정을 가져다주는 숫자라는 것이다. 그래서 그는 피타고라스 학파에서는 위대한 일들은 3에 의해서 행해지지 않고 4에 의해서 행해진다고 덧붙였다: "피타고라스 학파에게서 영혼은 삼각형이 아니라 사각형이라는 생각이 지배적이었다. 이런 생각의 기원은 그리스 사상의 역사를 한없이 거슬러 올라간다. 사위일체는 거의 보편적으로 일어나는 원형인 것이다."[135]

그래서 융은 사위일체 상징은 존재의 전체성을 되찾으려는 상황에서 으레 나타나곤 한다고 주장하였다: "나는 4가 나타난 많은 사례를 관찰하였는데, 4는 언제나 무의식적인 근원을 가지고 있었다. … 만약 꿈이 그러한 조건에서 4의 중요성을 끈질기게 주장한다면, 우리에게는 그 근원이 무의식적인 것이라고 부를 수 있는 정당한 권리가 있다."[136] 융의 환자가 신경증을 앓다가 환상 속에서 사위일체상을 보고 '지극한 조화감'을 느끼면서 그 자신을 통합했던 것은 그 때문이다. 그는 기독교에서 제시한 삼위일체 상징을 가지고 선을 추구하면서 살다가 그것만 가지고서는 삶에서 경험하는 악을 통합하지 못하여 신경증을 앓았는데, 그도 모르게 집단적 무의식의 작용으로 통합이 이루어지면서 사위일체적 만다라를 보았던 것이다. 융은 이런 현상은 그렇게 드문 것이 아니라고 주장하였다. 왜냐하면 우리 속에 있는 자기le Soi는 그 자체가 전체적인 것이어서 정신 구조에서 전체성이 깨어졌을 때 언제나 작용하기 때문이다: "경험이 보여주듯이 만다라는 흔히 정신적으로 혼돈되어 있거나 난처한 지경에 처해 있을 때 나타난다. 이러한 상황이 보상에 의해서 배열한 원형은 어떤 질서의 도식을 나타낸다."[137]

그런데 융이 여기에서 말하는 악은 형이상학적 악이 아

니라 심리적 악이라는 사실을 기억해야 한다. 그는 정신치료자로서 자연적 악이나 형이상학적 악보다 심리적 악의 문제와 씨름했던 것이다. 그때 악은 인간의 정신 속에 있는 발달하지 않은 요소로서 그 자체로서는 악하지 않지만, 그것이 발달하지 않은 상태에서 자아를 통하여 나타날 때 원시성과 미숙성 때문에 악하게 경험되는 그림자 인격이다. 따라서 어떤 사람이 인격의 어두운 요소에 휩싸여서 행동하면 그는 악을 행하게 되며, 그가 중요한 자리에 있으면 악의 영향력은 그만큼 더 커진다. 히틀러나 스탈린 같은 이들에게서 악은 집단적인 크기로 작용하였던 것이다. 그러나 악에 부정적 특성만 있는 것은 아니다. 사람들을 현재의 자리에서 더 나아가게 할 수 있는 것이다. 신경증이 고통스러운 병이지만 그 사람을 더 큰 통합으로 이끌 수 있는 것이다. 그래서 예수 그리스도는 추수 때가 되기 전까지 가라지를 뽑지 말라고 하였으며, 로마의 클레멘트는 성부가 오른손으로는 그리스도, 왼손으로는 악마를 사용하면서 이 세상을 다스린다고 주장하였다.[138] 악을 물리치거나 싸우려고만 할 것이 아니라 통합해야 한다는 것이다.

그러면 어떻게 통합할 것인가? 그것은 악에 대한 세계관 또는 패러다임을 전환시켜야 한다. 이 세상에 악이 실재한다는 사실과 그 파괴성을 직시하고 악과 타협하지 않으면서 악같이 강한 힘을 가지고 악이 통합될 때까지 긴장을 잃지 말고 버티어야 하는 것이다. 그래서 융은 "어둠을 만날 때 사람들은 선에 뿌리박고 있어야 한다. 그렇지 않을 경우 그는 악마에 잡아먹히게 된다. 악의 문제 앞에서 사람들은 반드시 선의 힘에 도움을 받아야 하는 것이다. 그는 무슨 수를 써서라도 어둠을 밝히는 빛을 지녀야 한다"[139]라고 주장하였다. 그때 사위일체 상징은 중요한 도움을 줄 수 있다. 왜냐하면 사위일체 상징에서 악은 성부, 성자, 성령과 함께 하나님의 전체성을 이루면서 악이 무분별하게 작용하지 않도록 하기 때문이다. 즉 사위일체 상징은 사람들이 악의 문제로 고통당할 때, 고통과 싸우려고 하거나 피하려고만 하지 않고 고통을 받아들이면서 악이 선으로 변화될 때까지 견디는 힘을 주기 때문이다. 물론 악의 세력이 활성화되었을 때 고통을 견디기는 쉽지 않다. 그러나 그것이 악하기만 한 것이 아니라, 그 안에 더 온전한 것을 이루려는 목적이 있다는 사실을 깨닫고 그것을 변환시키려고 한다면 고통은 완화될 수 있을 것이다: "그 결과로 나타난 십자가는 인류를 구속하려는 고통받는 신성의 상징이다. … 사위일체 도식은 실존의 이 힘을 부정할 수 없는 사실로 인식한 것이다."[140]

이때 사람들이 악을 견디고 통합하게 하는 것은 상징에 초월적 기능이 있기 때문이다. 자기自己는 의식과 무의식 사이에서 서로 다른 두 가지 성향이 대립하면서 긴장이 조성될 때 그 둘을 통합하는 상징을 제시하면서 제3의 자리에서 중재하는 것이다. 융에 의하면 자기는 그 안에 모든 대극을 통합하고 있어서 인간의 삶에서 조성되는 갈등적 상황들을 통합할 수 있다: "자기는 자아가 아니다. 오히려 자아의 위에 있으면서 의식과 무의식을 모두 품고 있는 전체성이다. … 그래서 언제, 어디서나 '신비적 융합'을 통하여 다양한 것을 일치시키고, 전체로서의 단일한 인간이 나타나게 한다."[141]

융은 초월적 기능에 대한 예로 예수 그리스도가 광야에서 악마에게 시험을 낭할 때 세시한 '하니님의 나라'의 상징을 들었다. 예수 그리스도가 마귀에게 시험받았을 때 그에게는 심리학적인 의미에서 세상을 향한 권력의지와 하나님을 향한 의지가 첨예하게 대립했을 것이다. 왜냐하면 그는 바로 전에 세례를 받으면서 성령이 비둘기같이 내려오는 내적 체험으로 의식이 어느 정도 고양되었을 것이기 때문이다. 자아가 팽창되었을 것이라는 말이다. 따라서 그가 시험받은 내용은 '돌로 떡을 만들라', '높은 곳에서 뛰어내리라', '마귀에게 절을 하면 이 세상을 다 줄 것이라'는 등 권력의지와 관계되는 것들이었다. 그때 해결책으로 떠오른 것은 '하나님의 나라'라는 초월적 상징이었다. 그의 무의식에서는 하나님을 향한 의지와 권력을 향한 의지를 통합한 하나님의 나라라는 상징이 떠오르면서 두 가지 의지를 통합할 수 있었던 것이다. 왜냐하면 하나님의 나라는 영적 왕국 royaume spirituel으로서 하나님을 지향할 뿐만 아니라 '나라'의 주인이 되면서 권력 의지도 충족시킬 수 있는 왕국이었기 때문이다.[142] 그래서 예수 그리스도는 '하나님의 나라'라는 상징으로 그에게 대립되었던 두 가지 의지를 통합하고 그 전의 어느 예언자도 말하지 않았던 '하나님의 나라'를 선포하면서 그의 사역을 시작하였다. 그것은 현대인에게도 마찬가지다. 의식이 더 예리해진 현대인은 그전 시대 사람들보다 악을 더 많이 인식하는데, 현대인에게도 삶의 태도를 획기적으로 전환시킬 수 있는 패러다임이 필요한 것이다. 그것의 하나가 사위일체 신상이다.

결론: 재중심화와 계속되는 성육신

개별적 정신의 확립과 사위일체 신상을 통한 세계관의 변화는 악의 문제 앞에서 고뇌하는 현대인의 삶의 패러다임 전환에 유용하게 작용할 수 있다. 또한 개별적 정신은 현대인이 집단의식에 휩쓸리지 않고, 자신의 생각과 판단을 가지고 살아가게 하고, 사위일체 신상은 현대인이 악과 싸우려고만 하지 않고 악에 내포되어 있는 의미를 탐색하고 악을 초월적인 자리에서 통합하는 데 도움을 줄 수 있을 것이다. 그러나 악을 통합하는 작업은 그렇게 간단한 일이 아니다. 이 세상에서 악은 끈질기게 작용하고 그 파괴성은 엄청난데, 현대인은 악을 통합하지 못하고 있기 때문이다.

악은 악마의 작용인데, 성서에서 악마를 의미하는 단어는 그리스어로 디아블로스이다. 디아블로스diablos는 성경에서 히브리어 단어 사탄satan으로 번역되는데, 그 의미는 본래 '학살자', '대적자', '방해자'이다.[143] 악을 자행하는 악마는 하나님을 '대적하고', 사람들을 하나님에게 다가가지 못하게 방해하는 존재라는 것이다. 그 의미는 심리학적으로 생각할 때도 타당하다. 사람들이 악에 눌려 있으면 하나님으로부터 멀어지고, 하나님을 대적하게 되기 때문이다. 심리학적으로 말해서, 전체성으로부터 멀어지고, 전체성을 이루지 못하기 때문인 것이다. 그런데 지금 현대인은 악과 대극을 통합하지 못해서 전체성을 이루지 못하고 신경증적 고통을 받고 있다.

융은 그리스도의 대속의 의미를 예수의 태도와 선포에서 찾았다. 먼저 예수 그리스도는 그의 몸에 대극의 갈등을 그대로 짊어지고 대극을 초월적으로 통합함으로써 다른 사람들 역시 대극을 통합하는 길을 보여주었기 때문이다. 사실 사람들은 기독교 규범을 따르려고 할 때 의무의 충돌을 겪는데, 대부분의 경우 그 긴장이 두려워서 거기에서 도망

가려고 한다. 그리하여 사람들은 언제나 똑같은 문제에 봉착하게 된다. 그러나 예수 그리스도는 십자가 위에서 그 긴장과 고통을 "하나님, 나의 하나님 어찌하여 나를 버리시나이까?"라는 비명을 지르면서도 도피하지 않고 짊어졌다. 그때 그는 그의 내면에 있던 인간성과 신성을 통합하면서 "다 이루었다"고 할 수 있었다: "그의 인간적인 존재는 여기에서 신성神性에 이르는데, 즉 신이 죽어가는 인간을 체험하고, 그의 충실한 종, 욥을 고통당하게 했던 것을 체험한 그 순간에 신성에 이른다. 여기에서 욥에의 회답이 주어진다."[144] 악의 초월적 통합에 대한 이미지는 예수가 십자가에 달린 모습에서도 드러난다고 융은 주장하였다. 왜냐하면 예수는 한편에는 회개한 강도, 다른 편에는 회개하지 않은 강도 사이에서 십자가에 달렸기 때문이다.

다음으로 예수는 인간의 의식이 발달하면서 본능적인 기반으로부터 떨어져나가는 것을 막아주었다. 사람들은 의식이 발달하면 발달할수록 본능과 멀어지고, 합리적으로 되며, 이웃들과도 멀어지게 된다. 그러나 본능은 사람들에게 신의 숨겨진 지혜를 알게 해주고, 공동체외도 좋은 관계를 맺게 한다. 그래서 융은 사람들에게서 의식이 너무 발달하여 본능적인 기반으로부터 떨어져나가는 것을 '영혼의 상실'이라고 주장하면서 현대인이 경계해야 하는 정신적 재난이라고 경고하였다. 그러나 예수 그리스도는 "회개하라. 천국이 가까이 왔다"고 선포하면서, 사람들이 무의식의 기반으로부터 떨어지는 것을 막아주었다: "그는 위협받고 있던 종교적 연결을 구해낸다. 이러한 관계에서 사실 그는 구원자임이 드러난다. 그는 인류를 신과의 공동체로부터 떨어지지 않도록 지키고 단순히 의식과 의식의 '합리성'에 빠져들어 가지 않도록 보호한다."[145] 이렇게 예수 그리스도는 그 당시 사람들이 무의식에서 추구하던 것을 그의 몸으로 보여주었기 때문에 비교적 짧은 시간 안에 고대 세계에서 구세주로 고백될 수 있었고, 그의 성육신은 그다음 사람들에게서 이루어지는 원형적인 사건이 되었다.

그런데 융은 악을 통합하는 과정에서 성령의 도움이 필요하고 그것이 '계속되는 성육신'을 통해서 완성되어야 한다고 강조하였다. 무의식에 있는 그림자의 강력한 에너지는 자아–의식의 능력만으로 감당할 수 없기 때문이다. 그래서 융은 "그는 그 자신의 자원만으로 그 갈등을 극복할 수 없다. … 그는 신적 위로와 중재에 의존해야 하는데, 그것은 성령의 자발적인 계시이다."[146] 신학자도 아닌 융이 악을 통합하는 데 성령의 도움이 필요하다고 주장한 것은 놀라운 일이다. 그러나 성령은 사람들이 대극들을 통합하게 하면서 신적인 일을 하게 한다고 그는 강조하였다. 성령은 그리스도를 잉태하게 했듯이 사람들이 말씀이 육신을 입은 듯이 사는 것을 계속해서 할 수 있게 한다는 것이다: "성령의 강림을 통해서 인간의 자기는 신의 본질과의 일치 관계에 들어가게 된다."[147]

융은 기독교의 성육신 교리는 종교사상 획기적인 인식의 변화라고 주장하였다: "신이 인간이 된다. 이것이 무엇을 뜻하는지 우리는 생생하게 머리에 그려볼 필요가 있다. 그것은 세계를 뒤집는 신의 변환을 의미한다고 해도 과언이 아니다."[148] 그러나 융은 이러한 성육신은 성령의 도움으로 모든 사람에게 가능하며, 그것은 계속되어야 한다고 강조하였다: "그리스도 안에서의 신의 육화는 계속되고 보충될 필요가 있다. … 신의 자녀로 부름받은 사람에 대한 지속적이고 직접적인 성령의 영향은 사실 널리 행해지고 있는 인간화를 의미한다."[149] 왜냐하면 예수 그리스도에 의한 성육신은 영원 속에서 이루어진 사건이지만 사람들을 신과 이어주는 구속자 성령에 의해서 모든 사람은 신적인 일을 할수 있기 때문이다: "성령이 인간에게 머무른다는 말은 신이점점 더 성육신된다는 말과 같은 말이다. 신으로부터 태어났고, 선재하는 중재자로서의 그리스도는 사람 안에서 또다른 모습으로 성령이 성육신되는 것을 이끄는 신의 모형가운데서 첫 번째 돋아난 싹이다."[150] 융은 이런 예를 바울에게서 확인하였다. 그는 그리스도를 직접 만나지 못했지만 엑스터시 상태에서 그를 체험하였고, 신적인 삶을 살았기 때문이다. 그래서 그는 라샤Lachat 신부에게 보낸 편지에서 계속적인 성육신의 중요성을 강조하였다: "그러므로 보통 사람도 성령의 원천으로 됩니다. … 이 사실은 신의 계속적이고 점차적인 성육신을 의미합니다. 인간은 이제 신의 드라마를 받고 또 통합하게 될 것입니다."[151]

이런 특성을 가진 성육신은 융에게서 이중적으로 신을구속하는 작업이었다. 첫째로 융에게 있어서 신은 신 자체가 아니라 신의 이미지라서 계속되는 성육신은 사람들이 무의식 속에 있는 신성을 의식화하여 살려내는 것이기 때문이고, 둘째로 신은 그 본성이 이율배반적이라서 인간을 통해서 통합된 모습으로 나타나기 때문이다. 다시 말해서 사람들이 혹심한 고통 속에서도 신을 부정하지 않고 그 고통을 이겨낼 때 인간 속에 있는 신성이 통합된 모습으로 나타나는 것이 성육신成肉身이기 때문인 것이다. 융은 그런 모습을 욥, 예수 그리스도, 바울은 물론 기독교 신비가들에게서 보았다. 그리고 인류는 그런 모습을 추구해 왔으며 현대 세계에서 그것은 더욱더 필요하다고 덧붙였다: "우리는 (현대 사회의) 양가성 때문에 대극의 중재자이며 통합자인 본래적이고 살아 있는 성령으로 되돌아가야 하는데, 그것은 오랜 세월 동안 연금술사들이 관심을 기울였던 생각이다."[152]

융의 이런 생각은 기독교에서 결코 낯선 생각이 아니다. 왜냐하면 14세기의 기독교 신비가 마이스터 에크하르트 역시 같은 주장을 했기 때문이다. 에크하르트는 하나님이 당신의 형상대로 만들어 신적 본질을 가진 인간이 세상에서 초탈detachement하여 신에게 돌파해 들어갈 때 영혼의 근

저에서는 그리스도의 탄생이 이루어진다고 주장했던 것이다: "오직 신만이 아버지일 수 있기 위해서, 또한 이들이 신의 아들이고 신으로부터 태어난 아들이기 위해서, 신 안에서 그리고 신으로부터 태어난다."[153] 그런데 에크하르트의 이 말은 융이 인간 정신의 목표로 말한 개성화와 같은 말이며, 성육신과 같은 개념이다. 사람들이 악과 대극을 통합하면서 자신의 내면에 있는 신성을 의식화할 때 그들은 점점 하나님을 닮은 존재로 발달해 간다는 것이다.[154] 현대인이 이렇게 자신의 안에 있는 신성을 더 의식화하고 그것을 실현시킬 때, 사람들은 세상에 있는 악을 포용하지만 그 악에 휩쓸리지 않고 더 성숙한 사람으로 살 수 있다. 그것이 융이 말한 개성화된 삶이며, 기독교에서 말하는 성화된 삶의 모습이다. 그런데 그것은 인류가 태초 이래로 추구해 왔던 삶의 경지이기도 하다.

결 론

　하나님은 태초부터 사람들에게 절대적인 영향을 미쳐왔고, 사람들은 하나님과 관계를 맺으려고 여러 가지 제의를 통해서 종교생활을 영위해 왔다. 그러나 계몽주의 시대 이후 사람들은 무의식을 의식화해가면서 그전까지 신의 영역에 있던 많은 것을 통제할 수 있게 되었다. 사람들은 그전까지 신의 영역에 있던 홍수와 기근이 이제 더 이상 신의 징벌이 아니라 자연현상임을 알게 되었고, 일식과 월식도 신의 계시가 아니라는 사실을 알게 되었던 것이다. 그러나 사람들은 아직도 자연이나 인간의 삶에서 일어나는 사건들에 대해서 아는 것이 많지 않다. 사람들은 여전히 사람이나 자연에 대해서 아는 것보다 모르는 것이 많은 것이다. 그것은 사람들이 우주에 있는 물질 가운데서 아는 것이 5%도 넘지 않는다는 사실이 잘 말해준다. 사람들은 아직도 무력하며, 많은 것은 의식보다는 무의식의 영역에 속해 있는 것이다. 사람이 삶 앞에서 겸손해야 하는 것은 그 때문이다.

그러나 무의식에 있는 것들은 그 속성상 에너지를 많이 가지고 있어서 인간의 삶에 강력한 영향을 미친다. 무의식적 충동이나 무의식의 영향을 많이 받는 기분mood은 사람들에게 강력하게 작용하는 것이다. 따라서 인간이 알고 있는 것들이 많지 않다면, 인간은 어쩔 수 없이 종교적으로 될 수밖에 없다. 심리학적으로 말해서, 종교는 본래 사람들이 이 세상에 있는 알지 못하는 것들과 관계를 맺으려고 고안해낸 산물이기 때문이다. 사람들은 태초부터 인간의 삶에서 작용하지만 명확히 알지 못하는 어떤 힘이나 현상들과 관계하기 위해서 신화와 의례를 만들어서 그의 도움을 받거나 그를 위무하려고 해왔던 것이다. 사람들은 욕망이 아주 크거나 두려움이 클 때 신의 이미지를 만들어서 숭배하거나, 제사와 고사를 지내면서 신의 진노를 풀려고 했던 것이다. 그렇지 않을 경우 신이 노여워서 그 일을 그르치게 할지 모른다고 생각했기 때문이다. 그 밖에도 사람들은 수많은 금기를 만들어서 조심하였고, 부적을 만들어서 악귀를 물리치려고 해왔다.

하지만 사람들은 계몽주의 시대 이후 옛날에 신의 뜻을 찾으려고 했던 것만큼 이성의 도움으로 과학기술을 발달시키려고 하였다. 니체가 말한 신의 죽음 시대나 융이 말한 신의 궐위 시대가 도래한 것이다. 그러나 인간에게는 아직도 아는 것보다는 모르는 것이 더 많다. 현대 사회에 들어와서 인류가 과학기술을 발달시켰지만, 그 작업은 인류가 그전보다 모르는 영역이 더 많다는 사실을 확인해나가는 과정이었을 뿐이다. 그러면서 사람들은 여전히 다른 한편으로는 그에게 다가오는 초월적인 능력의 작용을 체험한다. 그것은 사람들이 위기적 상황에 있을 때 더욱더 그러하다. 그래서 융은 사람들은 이제 신의 문제에 다가갈 때 존재론적인 접근보다는 현상학적인 접근을 해야 한다고 강조하였다. 신이 존재하느냐, 존재하지 않느냐 하는 접근보다는 신적 현상이 어떻게 나타나는가 하는 것을 살펴보아야 한다고 주장했던 것이다. 인간이 신에 대해서는 도저히 다 파악할 수 없지만, 신적 작용은 부정할 수 없으므로, 사람들은 이제 그것들을 현상학적으로 탐구해야 한다는 것이다.

프랑스의 사상가 장 기통은 천체물리학자와 이론물리학자와의 대담을 통해서 그 크기가 10^{18}㎠를 넘는 천문학의 세계와 크기가 10^{-18}㎠보다 작은 쿼크의 세계에서 정신적인 것과 물리적인 것의 구별은 무의미하다고 주장하였다. 그런데 그 세계는 일정한 원리를 따라서 아주 정교한 질서와 조화 속에서 운행되고 있다. 이 세상에는 인간의 상상력까지 뛰어넘는 어떤 '절대 질서'가 있다는 말이다.[155] 그것을 종교인은 신이나 신적 작용이라고 불렀고, 다른 사람들은 또 다른 이름으로 불렀다. 하지만 한 가지 확실한 사실은 인간의 삶에는 의식의 영역을 뛰어넘는 또 다른 질서계가 있으며, 그 질서계는 사람들에게 커다란 영향을 미친다는 사실이다. 우리는 의식계에서 살면서 동시에 의식으로 다 파악할 수 없는 세계가 우리 삶의 또 다른 부분을 차지하고 있으며, 의식으로 이 세상을 파악할 뿐만 아니라 무의식으로도 이 세상을 파악한다는 것이다. 그 세계는 융이 동시성

원리라고 불렀던 원형적 세계인데, 그 영역은 아직 명확하게 다 파악되지 못하였고, 앞으로 더 파악해 가야 할 세계이다.

분석심리학자 융은 그 세계에 심리학 언어로 다가갔다. 그러면서 그는 인간의 정신건강을 위해하는 것도 사람들이 그 세계의 원리를 무시하고, 그 세계와 떨어져서 의식이 다인 줄 알고 살기 때문이라고 주장하였다. 그래서 그는 사람들의 무의식을 분석하면서 그 세계와 다시 연결시키려고 하였고, 무의식에 있는 건강한 요소들을 활성화시키려고 하였다. 그것은 집단적인 차원에서도 마찬가지다. 현대 사회에서 사람들은 너무 의식적이고 실용적인 것들에 몰두하느라고 무의식의 기반에서 떨어져 신경증적으로 사는 경우가 많은 것이다. 지금 우리 사회에서 "경제만 살리면 다 된다"는 생각도 그것의 변형된 모습이다. 그때 많은 사람들은 개별적 정신을 확립하지 못하고, 올바른 세계관을 가지지 못하여 그런 사회 풍조에 휩쓸려 들어가면서 고통당한다. 그런데 융은 현대인이 고통받는 것은 기독교를 비롯한 많은 종교가 현대인으로 하여금 신적 전체성과 만날 수 있는 신상을 제대로 전해주지 못하고, 스스로 생각하기보다 집단적 견해에 매몰되도록 했기 때문이라고 주장하였다. 왜냐하면 신의 이미지는 사람들이 신성과 만날 수 있는 매개자가 되는데, 현대 교회에서는 신적 전체성을 담을 수 있는 신상을 제공하지 못하여 사람들은 신성과 만나지 못하고, 강단에서 선포하는 메시지에만 맹목적으로 따라가기 때문인 것이다. 그래서 융은 사위일체상을 제시하였는데 사위일체상은 그 안에 선과 악은 물론 남성적인 것과 여성적인 것을 모두 담고 있어서 이 세상에 있는 모든 대극적인 것을 통합시킬 수 있을 것이다.

현대 사회는 지금 그전 어느 시대보다 심각한 위기에 빠져 있다. 핵전쟁은 언제 발발될지 모르고, 환경파괴의 결과 이상기후와 지진의 소식은 여기저기서 들려온다. 또한 컴퓨터의 발달은 언제 사람들의 예상을 뛰어넘고 무슨 일을 가져올지 모르게 되었다. 인간의 삶을 풍요롭게 하려고 했던 과학의 발달은 어느 정도 인간의 통제를 벗어나 있는 것이다. 더구나 그동안 인간을 존재의 기반에서 떨어지지 않게 하였던 종교의 약화로 사람은 이제 자기 자신을 지킬 수 있는 것이 자신의 자아밖에 없다고 생각하기에 이르렀다. 그래서 현대 사회는 또 다시 "모두가 서로에게 늑대가 되는 homo homini lupus" 사회로 되어버렸다. 사람들이 자신의 내면에 있는 그림자를 통합하지 않으면 지구는 어떤 파괴를 당할지 모르는 것이다. 그래서 융은 새로운 신의 이미지를 요청하였다. 악이 선과 통합되어 있지만 파괴적인 작용을 하지 않는 이미지를 요청한 것이다. 그 세계는 예언자 이사야가 보았던 환상과 같은 세계를 위한 이미지인지도 모른다. "이리와 어린 양이 함께 풀을 먹으며, 뱀이 흙을 먹이로 삼는" 세상을 만드는 신의 이미지인지도 모르는 것이다. 그 신만이 현대 사회를 구원할 수 있기 때문이다. 그런데 그 신은 사람들이 인간의 내면에 있는 신-인God-man을 실현시키는 것을 통해서도 우리에게 다가올 수 있다. 신은 2000년 전 그리스도를 통하여 성육신하였듯이 현대 사회의 혼란을 극복하게 하려고 또 다시 성육신할 수 있는 것이다. 그러므로 우리는 '종교적인 태도religio'로 살면서 그 신을 기다려야 한다. 그것이 융이 현대인에게 주는 메시지이다.

주 석

1) "우리 안에-있는-신(God-within-us)"은 사람들이 "하나님은 어떤 분이다"라고 생각하면서 믿은 이미지인데, 융은 그것이 인간의 정신요소 가운데서 가장 강력하고 전체적인 특성을 가진 자기(self)의 투사상이라고 주장하였다. 사람들은 신을 가장 강력하고 가치 있는 존재라고 생각하기 때문에 인간의 정신 요소 가운데서 가장 강력하고, 전체적인 특성을 가진 자기는 신의 이미지(image of God)에 투사된다. 그런데 그것은 무의식에 있는 요소이기 때문에 "우리 안에-있는-신"이다.

2) 칼 융, 한국융연구원 C.G.융저작번역위원회 옮김, 『원형과 무의식』(솔출판사, 2002), p.34. "원형(질서의 요소)이 가진 정신양적인 측면은 정신적인 형태로는 물론 에너지를 가진 물리적 현상으로도 드러난다"(M.-L. von Franz, *Nombre et temps*, Paris: La Fontaine de Pierre, 1978, p.163) 참조.

3) C. G. Jung, *Ma Vie: Souvenirs Rêves Pensées* (Paris: Gallimard, 1973), p.188.

4) 그 무렵 융은 프로이트에게 보낸 편지에서 이렇게 말하였다. "당신의 발견 덕분에 … 연금술에서 소피아(지혜) 개념은 정신분석의 내면에 있는 고대 지혜가 재성육신한 것을 정확하게 지적한다고 생각합니다"(Gilles Quispel, "Jung et la Gnose", in *Cahier de l'Herne*, Paris: Edition de l'Herne, 1984, p.127에서 재인용).

5) C. G. Jung, *The Red Book* (New York: W. W. Norton & Company, 2009), p.212.

6) 칼 융, 김성관 옮김, 『융 심리학과 동양종교』(일조각, 1995) 참조.

7) 이죽내, 『융심리학과 동양사상』(하나의학사, 2005), pp.107-108.

8) 영지주의는 영육 이원론적인 입장에서 물질적인 것의 가치를 부정하지만, 연금술은 물질적인 것의 가치를 부정하지 않고 물질을 구속하려고 한다는 것이다. 왜냐하면 연금술은 물질 속에 있는 영(esprit)을 추출하고, 그것을 물질에 다시 넣음으로써 물질까지 구속하려고 하기 때문이다. 융은 이것이 영지주의와 연금술의 결정적인 차이라고 생각하였다.

9) 그러나 융의 『욥에의 응답』은 신의 객관적이고 역사적인 측면을 도외시한 너무 주관적이고 심리학적인 고찰이라는 신학계의 반발을 가져왔다.

10) C. G. Jung, *Les racines de la conscience* (Paris: Buchet/Chastel, 1971), pp.123-124, *Psychologie et Religion* (Paris: Buchet/Chastel, 1958), p.174 참조.

11) C. G. Jung, *L'Homme à la découverte de son âme* (Paris: Albin Michel, 1987), pp.52-57.

12) 이와 같은 현실 앞에서 프랑스의 사회철학자 J. 엘룰은 "하나님이냐? 돈이냐?" 하는 선택을 해야 한다고 강조하였다(J. 엘룰, 양명수 옮김, 『하나님이냐? 돈이냐?』, 서울: 대장간, 1997).

13) C. G. Jung, M.Stein(ed.), "Thoughts on the Interpretation of Christianity," *Jung on Christianity* (New Jersey: Princeton University Press, 1999), p.48.

14) C. G. Jung, *Psychologie et Religion,* p.31, p.36. 또한 융은 이렇게 말하였다. "의식과 무의식 사이의 균열이 깊으면 깊을수록 인

격의 분열은 점점 더 심해진다. 그래서 신경증적인 성향의 사람들에게서 신경증은 더욱더 깊어지고, 정신분열적인 성향의 사람들에게서 분열은 더욱더 심각해진다"(C. G. Jung, *Métamorphose de l'âme ses symboles*, Genève: Librairie de l'Universitée Georg et Cie S.A., 1953, p.718).

15) E. Bertine, *Jung's Contribution to Our Time* (New York: The C. G. Jung Foundation For Analytical Psychology, INC., 1967), pp.3-12 참조.

16) 같은 책, p.7 참조.

17) 마이스터 에크하르트, 이부현 옮김, 『마이스터 에크하르트 독일어 설교 1』(누멘, 2010), p.182.

18) C. G. Jung, "La Psychologie analytique est-elle une religion?," M. Cazenave(ed.), *L'Herne: Jung* (Editions de l'Herne, 1984), p.392.

19) C. G. Jung, *Psychologie et Religion,* pp.16-17. 퇴계의 경(敬)은 융의 레리기오와 비슷한 개념이라고 할 수 있다.

20) E. Bertine, *Jung's Contribution to Our Time*, p.11 참조.

21) C. G. Jung, *Réponse à Job* (Paris: Buchet/Chastel, 1964), p.16. E. Bertine, *Jung's Contribution to Our Time*, p.11 참조.

22) R. Otto, *Le Sacré* (Paris: Payot, 1970). 융에 의하면 동성동형론적인 신의 이미지는 신의 한쪽 이미지만 반영할 뿐 신의 전체성을 체험하게 하지 못해서 현대인은 진정한 신을 통해서 자신의 모습을 통합하지 못하여 고통을 받고 있다.

23) C. G. Jung, *Psychologie et Religion,* p.161.

24) 여기에서 신이 악하다는 것은 신이 정말 악하다는 말이 아니다. 신의 부재나 침묵 속에서 인간이 고통을 받는다는 의미이다.

25) B. Kaempf, *Réconciliation: Psychologie et Religion selon C. G.*

Jung (Paris: Cariscript, 1991), p.228에서 재인용.

26) C. G. Jung, *Psychologie et Alchimie* (Paris: Buchet/Chastel, 1970), p.14.

27) A. Samuels, *Jung and the Post-Jungians* (London: Routledge & Kegan Paul, 1985), p.206. "무의식의 이 깊숙한 부분을 '자기'라고 부르는 것은 합당한 말인 듯하며, 자아는 그것이 의식에 드러난 것을 말한다. … 말하자면 자기는 이미 자아를 형성하고 있다. 내가 나를 만드는 것은 자아가 아니다. 나는 내가 되어가는 것이다"(C. G. Jung, *Les racines de la conscience*, p.281) 참조.

28) 또한 융은 이렇게 말한다. "사람들이 자기의 상징과 신의 이미지 사이를 경험적으로 분별하지 못하기 때문에 우리가 아무리 그 둘 사이를 분화시키려고 노력해도 그 두 생각은 언제나 서로 융합되어서 나타난다. … 사람들은 그에게 오는 전일성의 상징에 시간과 장소에 따라서 달라지는 이름들을 붙인다"(C. G. Jung, *Collected Works* XI, Princeton: Princeton University Press, 1984, para.231).

29) C. G. Jung, *Types psychologiques* (Genève: Librairie de l'Universitée Georg et Cie S. A., 1967), pp.478-479. 융은 그가 프로이트와 헤어진 다음 찾아온 정신적 위기에서 자기가 작용하여 정신적 통합을 이룬 다음, 다음과 같은 고백을 하였다. "사람은 중심을 벗어나서 갈 수 없다. 중심은 목표이고, 모든 것은 중심을 향해서 있다. 이 꿈을 통해서 나는 자기가 정향성과 의미의 원리이고 원형임을 알게 되었다."

30) C. G. Jung, *Psychologie et Alchimie*, p.269.

31) C. G. Jung, *Les racines de la conscience*, p.306.

32) C. G. Jung, *Réponse à Job*, p.219. 같은 맥락에서 융은 다음과 같이 말하기도 하였다. "경험적으로 볼 때, 자기는 의식적인 마음

이 바라거나 두려워하는 것을 떠나서 무의식에서 자발적으로 일어나는 인간의 삶의 목표가 되는 이미지이다"(C. G. Jung, *Collected Works* XI, Princeton, NJ.: Princeton University Press, 1984, para.745).

33) *Collected Works* VII, para.405. "자기는 자아-의식에 대한 보상 작용을 할 때에 기능하게 된다"(C. G. Jung, *Les racines de la conscience*, p.553). 윔베르는 자기의 보상 기능은 자기의 전체성 때문이라고 주장하였다. "보상은 의식의 일방성 때문에 생기며, 자기의 전체성에서 나오는 역동이다"(E. Humbert, *L'homme aux prises avec l'inconscient*, Paris: A.Michel, 1994, p.72) 참조.

34) C. G. Jung, *Les racines de la conscience,* pp.321-322.

35) 같은 책 p.302, p.315.

36) "심리학적인 의미에서 살펴볼 때, 자기는 그 안에 의식적인 내용들과 무의식적인 내용들을 모두 나타내기 때문에 초월적인 개념이다"(C. G. Jung, *Aïon*, Paris: Albin Michel, 1983, p.76) 참조.

37) C. G. Jung, *Psychological Types* (Princeton, NJ.: Princeton University Press, 1977), paras.827-828.

38) C. G. Jung, *Psychologie et Alchimie*, p.26. "그것(자기)은 '우리 안에-있는-신'으로 불릴 수 있을 것이다. 우리의 모든 정신적 삶의 시작은 어쩔 수 없이 이 지점에 뿌리박고 있으며, 우리의 가장 높고 가장 깊은 목적들도 그것을 향해 있는 듯하다"(C. G. Jung, *Collected Works* VII, Princeton, NJ.: Princeton University Press, 1966, para.399) 참조.

39) 프로이트, 김석희 옮김, 『문명 속의 불만』(열린책들, 1997), p.197.

40) A. Vergote, *Psychologie religieuse* (Bruxelles: Charles Dessart, 1966), pp.184-185.

41) S. P. 실링, 조만 옮김, 『무신론시대의 하나님』(현대사상사, 1982), p.203.

42) J. 폴킹혼, 이정배 옮김, 『과학시대의 신론』(동명사, 1998), p.21.

43) P. Tillich, *Systematic Theology* (Chicago: University of Chicago Press, 1951), Vol.1, p.237. 또한 틸리히는 신은 인간에게서 궁극적 관심의 대상과 거룩성으로 체험된다고 주장하였다(같은 책, pp.212-215).

44) 같은 책, p.249.

45) 같은 책, p.255.

46) 같은 책, p.256.

47) 같은 책, p.261.

48) 같은 책, p.271.

49) C. G. Jung, *Psychologie et Alchimie* (Paris: Buchet/Chastel, 1970), p.605.

50) C. G. Jung, *Modern Man in Search of a Soul* (London: Routledge & Kegan Paul, 1933), p.70.

51) C. G. Jung, *Psychologie de l'inconscient* (Paris: Buchet/Chastel, 1983), p.174. 융은 조셉 샤토이어 신부에게 보낸 편지(1933.2.20)에서 "저 역시 진정한 종교의식이 모든 영혼의 병들에 대한 가장 좋은 약이 된다는 당신의 확신과 같이 하고 있습니다"(C. G. Jung, *Le divin dans l'homme*, Paris: Albin Michel, 1999, p.55). 새로운 신의 이미지로서 융은 「삼위일체 도그마에 대한 심리학적 접근」(1940), 『욥에의 응답』(1952) 등에서 사위일체적 하나님을 제안하였는데 기독교 신학자들은 그 제안에 대해서 답변하지 않고 있다.

52) B. Kaempf, *Reconciliation: Psychologie et Religion selon C. G. Jung* (Paris: Cariscript, 1991), p.251. 프랑스의 분석심리학자 캄프

는 융의 서간문을 살펴보면 그는 1948년에서부터 처음으로 그리스도가 자기의 상징이라고 언급하면서, 저술에서도 그렇게 썼다고 주장하였다.

53) C. G. Jung, *Psychologie et Religion*, p.14, p.21.

54) '이미 거기 있는 종교(religion already there)'라는 용어는 벨기에의 종교심리학자 고댕이 사용한 용어로서, 사람들이 자신의 종교나 신앙에 무비판적으로 빠져들어 가는 현상을 말한다. 사람들은 그가 믿는 종교가 그가 태어나기 전부터 자명한 진리로 존재하고 있다고 생각하여 안이한 태도로 무조건 받아들인다는 것이다(A. Godin, *Psychologie des experiences religieuses*, Paris: Centurion, 1981, p.9).

55) 칼 융, 한국융연구원 C.G.융저작번역위원회 옮김, 『상징과 리비도』(서울: 솔출판사, 2005), p.105.

56) C. G. Jung, *Types psychologique* (Genève: Librairie de l'Université Georg, 1983), p.235. 매튜 폭스, 김순현 옮김, 『마이스터 엑카르트 설교: 마이스터 엑카르트는 이렇게 말했다』(분도출판사, 2006), pp.121-122 참조.

57) 칼 융, 한국융연구원 C.G.융저작번역위원회 옮김, 『인간의 상과 신의 상』(서울: 솔출판사, 2008), p.19. 그러나 현대인 가운데는 돈이나 명예나 권력을 신으로 신봉하는 사람들이 많다. 그들에게 '신은 죽었기' 때문이다.

58) 신성, 즉 누멘(numen)의 본래의 뜻은 '거룩한 것'이라는 말인데, 오토에게서 '신적인 것'과 같은 의미이다. 사람들은 신을 거룩한 것으로 체험하기 때문이다. 그러나 오토가 신적인 것을 누멘으로 표현한 것은 신에 대한 인간의 원초적인 체험이 양가적이기 때문이다. 사람들은 신을 체험할 때, 사랑의 신으로만 체험하는 것이

아니라, 그를 한없이 압도하는 어마어마한 존재로도 체험하기 때문이다.

59) 사람들이 이렇게 비합리적인 종교체험을 합리적 언술로 표현하려는 이유는 체험자가 초자연적인 체험을 한 다음 그가 체험한 것을 스스로에게 납득시키려는 의도와 그것을 다른 사람들에게 증언하려는 의도 때문이다.

60) 칼 융, 『인간의 상과 신의 상』, p.18.

61) "콤플렉스의 기원은 흔히 정동적 충격, 외상 및 이와 비슷한 사건들이며, 이로 인해서 정신의 부분으로부터 떨어져 나간 것이다. 가장 흔한 원인은 도덕적 갈등이다"(C. G. Jung, *L'Homme à la découverte de son âme*, p.188) 참조.

62) 칼 융, 『인간의 상과 신의 상』, pp.25-26.

63) C. G. Jung, *L'Homme à la découverte de son âme*, p.188.

64) 같은 책, p.196. "정신적 혼란은 매우 인간적이고 으스스한 것이기 때문에 정신병리 현상은 종래 신이나 조상의 영이나 악령에 사로잡힌 것으로 간주되었다"(앙투안 베르고트, 『죄의식과 욕망』, 학지사, 2009, pp.19-20) 참조.

65) C. G. Jung, "Die Psychischen Grundlagen des Geisterglaubens" in *Psychische Energetik und das Wesen der Traume*, 2. Afl. (Zurich: Rascher Verlag, 1948), p.310(이부영, 『분석심리학』, 일조각, 2011, p.363에서 재인용).

66) 칼 융, 『원형과 무의식』, p.34. 폰 프란츠는 그것을 좀 더 자세하게 이렇게 말한다. "원형(질서의 요소)이 가진 정신양적인 측면은 정신적인 형태로는 물론 에너지를 가진 물리적 현상으로도 드러난다"(M.-L. von Franz, *Nombre et temps*, p.163). 즉 융이 원형을 정신양이라고 주장한 것은 원형이 심리학적인 개념일 뿐만 아니

라, 신체의 기관처럼 실제로 작용하는 것이라고 생각했기 때문이다. 원형은 사람의 위나 폐처럼 실제로 존재한다는 것이다.

67) 칼 융, 『상징과 리비도』, p.39.

68) 다니엘 에버렛, 윤영삼 옮김, 『잠들면 안 돼, 거기 뱀이 있어』(꾸리에, 2009), pp.228-230.

69) 칼 융, 『인간의 상과 신의 상』, pp.31-32. "전례의 부당한 수행과 적용은 리비도의 역행적 움직임, 즉 일종의 퇴행을 야기했고 그 결과 이전의 충동적이고 무의식적인 상태가 다시 환기되는 상황에 처하곤 했다. 위험은 잘 알려진 영혼의 위기, 즉 인격의 분열(영혼의 상실)과 의식의 감소로 나타나는데, 그 둘은 무의식의 자동적 강화를 초래한다. 그러한 결과는 원시인에게 영혼의 커다란 위험을 의미할 뿐 아니라 이른바 문화인에게도 그런 것은 정신적 장해들, 즉 빙의 상태와 정신적 전염현상을 야기했다"(칼 융, 한국융연구원 C.G.융저작번역위원회 옮김, 『영웅과 어머니 원형』, 솔출판사, 2006, pp.251-252). 또한 이부영은 실혼이란 자아의식의 일부가 무의식으로 억압되는 현상에 해당되며, 그때 무의식에 억압된 의식내용은 의식의 통제를 벗어나 자율적으로 작용하여 저승의 혼령 같은 역할을 한다고 주장하였다(이부영, 『한국의 샤머니즘과 분석심리학』, 한길사, 2012, p.236, 주 81 참조).

70) 칼 융, 『인간의 상과 신의 상』, p.32. "무의식의 예기치 못한 위험한 경향으로부터 자신을 방어하려는 오직 하나의 목적으로 실시되는 마술적 의식이 수없이 많다. … 과거 2000년 동안 우리는 기독교 교회 제도가 그런 초자연적 영향들과 인류 사이를 중개하고 보호하는 기능을 떠맡고 있음을 본다"(같은 책, p.34) 참조.

71) 특히 가나안 종교의 술사들은 엑스터시 상태에서 신을 체험하고, 그 신의 뜻을 세상에서 펼치려고 했는데, 사울이 어느 날 엑스터

시 상태에 빠져서 예언을 하자 이스라엘 사람들이 "사울마저도 예언자가 되었는가?"라고 했다. 그 이유는 사울이 엑스터시에 빠져서 예언을 하는 것은 이스라엘 전통에 맞지 않는 것이었기 때문이다(사무엘 상10장12절). 우리나라에서 무당이 입신하는 것도 이와 같은 유형이다.

72) 칼 융, 『영웅과 어머니 원형』, p.375.

73) 칼 융, 『상징과 리비도』, pp.112-113. 이보다 앞선 형태에서는 영웅들이 괴물을 정복하는 것으로 나타난다. 그러나 종교적 단계로 들어오면서 인류는 동물적 본능을 '거룩한 것으로 만든다'(sacrify의 본래적인 뜻). 종교적으로 변환시키는 것이다. "미트라스적 희생제의에서는 충동성의 극복이 더 이상 어머니의 고대적 형태의 정복이 아니라 자신의 충동성을 포기하는 형태로 나타난다"(칼 융, 『영웅과 어머니 원형』, p.164).

74) 칼 융, 『영웅과 어머니 원형』, p.165.

75) 칼 융, 『상징과 리비도』, p.114. "십자가, 또는 영웅이 끌고 가는 무거운 짐은 바로 그 자신이다. 아니면 더 정확히 말해서 그의 자기, 그의 전체성, 동물과 똑같은 신, 단순히 경험적 인간일 뿐 아니라, 동물의 본성에 뿌리를 내리고 단지 인간적인 것을 초월해 신적인 것에 다다른 그의 존재의 충만함을 말한다"(칼 융, 『영웅과 어머니 원형』, p.229) 참조.

76) "교회에 의해 세심하게 세워진 담을 허물어버린 개신교는 곧바로 개인적인 계시가 지닌, 분해하며 분열시키는 작용을 경험하기 시작했다. 도그마의 장벽이 허물어지고 제의가 영향력 있는 권위를 잃어버리자마자 인간은 도그마와 제의의 보호와 인도 없이 내적인 경험 앞에 직접 마주 서게 되었다"(칼 융, 『인간의 상과 신의 상』, pp.39-40) 참조.

77) 칼 융, 『인간의 상과 신의 상』, pp.44-46.

78) 같은 책, p.74.

79) 같은 책, p.75.

80) 같은 책, p.76. 융은 가톨릭과 달리 개신교가 수많은 교파로 분열된 것은 개신교도들이 신 앞에 혼자 서려는 태도에서 비롯된 것이라고 하였고, 개신교 정신은 게르만 민족의 특성과 관계가 있다고 주장하였다.

81) 같은 책, p.59.

82) 같은 책, p.67.

83) *Rosarium Philosorum* in: *Artis Auriferae*, 1593, II, p.261(칼 융, 『인간의 상과 신의 상』, p.85에서 재인용).

84) "현재로서는 현대인의 의식된 정신 속에서 완전히 없어진 하나의 신 관념이 3, 4백 년 전에는 의식 내용의 형태로 재현되었다는 사실에 만족할 것이다"(같은 책, p.87) 참조.

85) 같은 책, p.89.

86) 융은 "어떤 종교의 주된 상징적 형상들은 언제나 그 종교의 내면에 살고 있는 특별한 도덕적, 정신적 자세를 표현한다"(같은 책, p.96)고 주장하였다.

87) 같은 책, pp.92-93.

88) 같은 책, p.100.

89) 플라톤, 박종현·김영균 역주, 『티마이오스』, 서광사, 2000, p.49.

90) 칼 융, 『인간의 상과 신의 상』, p.109.

91) 같은 책, p.113.

92) 이에 대해서 융은 이렇게 말하기도 한다. "우리는 우리의 과거, 즉 탐욕과 정동을 수반한 원시적이고 열등한 인간을 우리 자신과 함께 짊어지고 있다"(같은 책, p.115).

93) 같은 책, p.120.

94) 같은 책, p.121.

95) 같은 책, p.123.

96) 같은 책, p.126.

97) 같은 책, p.127.

98) 같은 책, p.129.

99) 같은 책, p.130.

100) 같은 책, p.136.

101) "이리하여 그는 인간으로부터 나온다. 그리고 너는 그의 원료이다; 네 안에서 그가 발견된다. 그리고 너로부터 추출되며 네 안에서 그는 떼어놓을 수 없는 존재로 남아 있다"(같은 책, p.140) 참조.

102) "신경증을 치료하는 것은 신경증만큼 확신을 주는 것이어야 한다. 그리고 신경증이 너무도 생생한 현실인 까닭에 도움을 주는 경험 또한 그와 똑같이 중요한 가치를 지닌 현실적인 것이어야 한 것이다"(같은 책, p.158) 참조.

103) 같은 책, p.156.

104) A. 쉼즈, 김용식 옮김, 『마음의 증상과 징후』(중앙문화사, 2002), pp.457-459.

105) C. G. Jung, *Psychologie et Religion*, p.135.

106) C. G. Jung, *The Undiscovered Self* (New York: New American Library, 1958), p.22.

107) 같은 책, p.13.

108) C. G. Jung, *Guérison psychologique* (Genève: Librairie de l'Universitée Georg et Cie S.A., 1984), p.296.

109) C. G. Jung, *Collected Works* XVI (Princeton: Princeton Univer-

sity press, 1977), p.37.

110) C. G. Jung, *Présent et Avenir* (Paris: Buchet/Chastel, 1962), p.79.

111) C. G. Jung, *The Undiscovered Self*, p.59.

112) 같은 책, p.71.

113) C. G. Jung, *Psychologie de l'âme moderne* (Paris: Buchet/Chastel, 1961), pp.125-126.

114) 같은 책, p.16. "우리는 이 세상을 파악할 때 이 세상에 관해서 우리 속에 정신적인 이미지의 형태로 형성된 것들을 통해서밖에는 파악하지 못한다"(C. G. Jung, *Guérison psychologique*, p.102) 참조.

115) 같은 책, p.102.

116) 같은 책, p.99.

117) 칼 융, 한국융연구원 C.G.융저작번역위원회 옮김, 『정신요법의 기본문제』(솔출판사, 2001), pp.62-63. 그래서 융은 세계관은 치료자의 삶을 이끌어갈 뿐만 아니라 치료의 혼을 형성하고, 정신치료자는 어느 정도 철학자나 철학적 의사가 되어야 한다고 강조하였다.

118) C. G. Jung, *Guérison psychologique*, p.220, p.247.

119) A. 엘리스, 홍경자 옮김, 『이성을 통한 자기성장』(탐구당, 1994), p.8. 같은 맥락에서 미국의 상담학자 J. 새비지 역시 정신치료를 위해서는 삶의 계명의 변화가 필요하다고 주장하였다. 내담자들 가운데는 유년시절에 "원하지 않았던 아이", "아들로 태어났어야 했는데 딸로 태어났다"는 잘못된 계명 때문에 고통을 받는 경우가 많은데, 치료자는 내담자에게 새로운 계명을 주어야 한다는 것이다. 여기에서 새비지가 말하는 새로운 계명 역시 세계

관의 변화를 좀 더 작은 범위에서 말하는 것이라고 할 수 있다(J. Savage, *Listening and Caring Skill in Ministry*, Abingdon, 1983).

120) 토머스 쿤, 김명자, 홍성욱 옮김, 『과학혁명의 구조』(서울: 까치, 2013), pp.209-241.

121) 피아제는 인간의 지식을 변화 가능한 일련의 과정으로 보면서 어린아이는 그들의 발달과정의 각기 다른 단계에서 서로 다른 논리를 가지고 서로 다르게 생각한다고 주장하였다. 그것은 그들이 그때 서로 다른 인지구조를 가지고 있기 때문이다.

122) C. D. Batson & W. L. Ventis, *The Religious Experience: A Social-Psychological Perspective* (New York: Oxford University Press, 1982), pp.65-89 참조.

123) M. Serrano, "Rencontre avec C. G. Jung" in E. Perrot, *C. G. Jung et la Vie des Profondeurs* (Paris: La Fontaine de Pierre, 1980), p.96.

124) E. Edinger, *Ego and Archetype* (Boston: Shambhala, 1992), p.43.

125) C. G. Jung, *Les Racines de la conscience*, p.321.

126) C. G. Jung, *La dialectique du moi et de l'inconscient* (Paris: Gallimard, 1967), p.113. 융은 개성화 과정은 정신치료의 목표일 뿐만 아니라 인간 정신의 목표이기도 하다고 주장하였다.

127) C. G. Jung, *Ma Vie: Souvenirs Rêves Pensées*, p.457.

128) C. G. Jung, *Les racines de la conscience*, p.525.

129) E. Humbert, *L'homme aux prises avec l'inconscient*, pp.74-75 참조.

130) C. G. Jung, *Aïon*, para.66.

131) C. G. Jung, *Le divin dans l'homme* (Paris: A.Michel, 1999), p.374.

132) 융은 사위일체 신을 구성하는 요소를 성부, 성자, 성령 이외에 악의 원리 또는 여성 원리가 덧붙여져야 한다고 주장했는데, 이 책에서는 악의 원리만 생각하고자 한다.

133) C. G. Jung, "A Psychological Approach to the Dogma of the Trinity," *Collected Works* XI, para.170.

134) 같은 책, para.205. 융은 고대 이집트적 사고와 비견해 볼 때 성령은 카-무테프에 해당하는데, 카-무테프는 Godhead의 숨이라는 속성을 인성화(人性化)시킨 것이라고 하였다.

135) 같은 책, para.246.

136) C. G. Jung, *Psychologie et Religion*, p.104.

137) C. G. Jung, *Ma Vie: Souvenirs Rêves Pensées*, p.459.

138) B. Kaempf, "Trinité ou Quaternité?," *Etudes Théologiques et Religieuses*(1987/1), p.68.

139) C. G. Jung, *Le divin dans l'homme*, p.279.

140) C. G. Jung, "A Psychological Approach to the Dogma of the Trinity," para.264.

141) C. G. Jung, *Les racines de la conscience*, p.302.

142) C. G. Jung, "Lettre à A. Zarine"(1939.5.3), *Le divin dans l'homme,* pp.426-427.

143) 제프리 버튼 러셀, 최은석 옮김, 『악마의 문화사』(황금가지, 1999), p.19.

144) 같은 책, p.110.

145) C. G. Jung, *Réponse à Job*, p.155.

146) C. G. Jung, "A Psychological Approach to the Dogma of the Trinity," para.260.

147) 같은 책, para.289.

148) 칼 융, 『인간의 상과 신의 상』, p.354.

149) C. G. Jung, *Réponse à Job*, p.123.

150) 같은 책, p.160.

151) C. G. Jung, *The Symbolic Life* (Princeton: Princeton University Press, 1976), para.1551.

152) C. G. Jung, *Aïon*, para.141.

153) 마이스터 에크하르트, 김부현 옮김, 『신적 위로의 책』(누멘, 2013), p.21.

154) "심리학적으로 발달의 목표는 자기-실현 또는 개성화이다. 그러나 사람들이 자아가 자신의 전부로만 생각하고, 전체성으로서의 자기는 하나님의 이미지와 분간할 수 없기 때문에 —종교적이거나 형이상학적 용어로 말하자면— 자기실현은 … 하나님의 성육신이라고까지 말해야 할 것이다"(C. G. Jung, "A Psychological Approach to the Dogma of the Trinity," para.233) 참조.

155) 장 기통, 김영일·김현주 옮김, 『신과 과학』(고려원, 1993), p.129. 장 기통의 이런 생각은 앞에서 보았던 폴킹혼의 생각과 똑같은 것이다(이 책의 주 42번 참조).

Carl Gustav
JUNG